横浜の女性宣教師たち

開港から戦後復興の足跡

横浜プロテスタント史研究会 編

有隣堂

扉：ヘボン邸の中庭に集う塾の子どもたちとクララ（開港資）

はじめに

このたび、横浜プロテスタント史研究会では、『横浜の女性宣教師たち』を出版することに至ったことは喜びに堪えない。当研究会は、ヘボン来日一二〇周年を契機に組織され、一九八一年九月、代表の高谷道男先生が「ハリスについて—日本宣教への功績」のテーマで研究発表して以来、例会を重ね三九八回を数え、現在の会員は百名を超えた。当初は「横浜開港に伴う宣教師の研究」を目的に出発したが、最近は研究領域が広がり、キリスト教史全般にわたる研究に至っている。当研究会では、一九九二年には『図説横浜キリスト教文化史』(有隣堂)を、また二〇〇八年には『横浜開港と宣教師たち』(有隣堂)を刊行し、さらに今回『横浜の女性宣教師たち』を出版する運びとなった。

日本に初めてキリスト教が伝えられたのは、一五四九年八月東洋の使徒と言われるイエズス会のフランシスコ・ザビエルが来日したことに始まる。しかし江戸幕府は、鎖国政策とキリシタン禁制によってキリスト教を信奉することを禁止した。その後、周知の通り、幕末一八五三(嘉永六)年七月アメリカ東インド艦隊司令官ペリーが四隻の黒船を率いて浦賀に来航し、日本中が大騒ぎになり、翌年三月、ペリーは軍艦七隻を率いて来航し、条約の締結を迫った。幕府はその圧力に屈して日米和親条約を締結させられ開国、下田、箱館の二港を開いた。続いて、一八五六（安政三）年初代アメリカ総領事としてハリスが来日、通商条約を強く求め、一八五八（安政五）年七月に日米修好通商条約を締結した。この条約によって、神奈川、長崎、新潟、兵庫の開港と江戸・大坂の開市、通商は自由貿易とすること、開港場に居留地を設けることなどの条約を結んだ。この条約の第八条において、居留地内における米国人の信教の自由と教会堂の建立が認められた。横浜居留地は、日本のどの居留地よりも面積が大きく、輸出入額は横浜が圧倒的に多く、来日する外国人も多かった。

キリスト教伝道は、第一義的には神の言葉を宣べ伝えるため、聖書を翻訳し教会を建設し、神学校を創立して牧師を養成し説教することにあるが、それらの活動は男性宣教師に限定されていた。女性宣教師は、この時代牧師の資格を取ることができなかったので、第二義的な活動として、教育事業、社会福祉事業、慈善事業などの社会文化的活動に従事することになった。一八八三年のプロテスタント諸派の在日宣教師大会の報告では、日本伝道最初の二三年間に来日した宣教師の大半はアメリカ人である。その男女比は男一二七人、女一八六人で、時代が新しくなるほど女性の数が男性を圧倒していった。日本のキリスト教は、その多くがアメリカの宣教師によってもたらされた。これらの宣教師たちは、自らの救いの体験を未だキリスト教を知らない人々に宣べ伝えることは、神から託された使命であるという考えで沢山の宣教師が来日したのである。

横浜は開港されていち早くキリスト教が受容され、多くの宣教師が来日しているが、女性宣教師の足跡を辿った書物を見出だすことはできない。
本書の執筆者は、横浜プロテスタント史研究会とＹＷＣＡの会員で、それぞれの分野で研究している優れた専門家である。最新の研究を踏まえて叙述し、横浜開港から戦後復興までに来浜した様々な教派からなる女性宣教師をほとんど網羅し、その数は四八人に達している。その意味で、今までにない企画となっており、見知らぬ土地に来て活躍した女性宣教師の生きざまを明らかにしたもので、市民の方々に是非一読して頂きたいと願うものである。

二〇一八年一月

横浜プロテスタント史研究会
代表　岡部一興

＊本文中で使用している一部のプロテスタント諸派の表記は、各執筆者の記載に従った。（編集部）

【目次】

はじめに

第一章　女性海外伝道協会の成立――11
＊アメリカからもたらされたキリスト教
女性海外伝道協会の成立と女性宣教師の誕生　13

第二章　幕末・明治初期に来日した女性宣教師――23
＊女性宣教師たちの来日
第一節　最初に来日した女性宣教師　25
クララ・リート・ヘボン／キャロライン・エイドリアンス／
J・R・カノーヴァー
第二節　宣教師の妻としての伝道活動　41
エリザ・ウィークス・ゴーブル／マーガレット・T・K・バラ／
ジェーン・H・G・ルーミス

第三章　ミッション・スクール――61
＊女性宣教師とミッション・スクール
第一節　ミッション・スクールの創立者たち　63
メアリー・E・（キダー）ミラー／
プライン、ピアソン、クロスビーの来日／
メアリー・P・プライン／ルイーズ・H・ピアソン／
ジュリア・N・クロスビー／
ハリエット・ゲルツルード・ブリテン／
エリザベス・マーガレット・ガスリー／
シャーロット・ブラウン／クララ・A・サンズ
第二節　ミッション・スクールの教師たち　97
エマ・C・ウィトベック・ヴェイル／クララ・ホイットニー・梶／
メアリー・エリザベス・ウイリアムス／
ウィニフレッド・M・エーカック／
メアリー・キャサリン・バレンタイン
第三節　西洋音楽の指導　117
エレン・シャーランド／ジュリア・A・モールトン／
A・V・N・モルトビー／エヴァリン・タッピング

第四章　社会文化活動に携わった宣教師――131
＊日本人に寄り添った女性宣教師たち
第一節　日本語出版物の発行　133
ソフィア・マクニール／ジョージアナ・ボーカス／エマ・ディキンソン
第二節　社会福祉活動　147
アニー・ヴィーレ／リディア・E・（ベントン）バラ／
シャーロット・ピンクニー・ドレーパー／カロライン・ヴァンペテン／
アダリーン・D・H・ケルシー／メアリー・ヘレナ・コンウオール・リー
第三節　陸海軍人への伝道　176
エステラ・フィンチ／ジュリア・マリア・ラウダー
第四節　YWCAのリーダーたち　185
◇YWCAの概略
◇横浜YWCA創立期の外国人幹事
メアリー・C・ベーカー／ルース・レーガン／アグネス・オルチン
◇横浜YWCAの基礎を築いた外国人幹事
ヘーゼル・P・ヴェリー／キャロリン・E・アレン
◇関東大震災の犠牲になった外国人幹事
イデス・ルーサ・レイシー／ドロシー・ヒラー
◇幹部委員や講師として働いた外国人女性

第五章　試練の時代から平和の時代へ——203
＊たくましく生きた女性宣教師
第一節　試練の関東大震災　205
ジェニー・M・カイパー／クララ・デニソン・ルーミス／クララ・カンヴァース
第二節　戦時下の抑留生活　223
オリーブ・アイアランド・ハジス／M・エヴェリン・ウルフ

第六章　カトリック教会の日本再宣教——233
＊日本再宣教への道
第一節　日本再宣教と女子修道会　235
第二節　修道女の活動　240
マリ・ジュスティーヌ・ラクロ／アンヌ・マリ・エリザ・ルジューン

あとがき
横浜居留地地図／来日女性宣教師リスト／執筆者紹介

【図版所蔵者・提供者一覧】（敬称略　順不動）

BG	The Billy Graham Center Archives Wheaton College, Wheaton,Illinois
CL	日本キリスト教文化協会所蔵
MH	Mt. Holyoke College Archives and Special Collections
YWCA	YWCA所蔵
青学	青山学院資料センター所蔵
英和	横浜英和学院所蔵
開港資	横浜開港資料館所蔵
共立	横浜共立学園資料室所蔵
訓盲	横浜訓盲学院所蔵
サンモール	サンモール修道会所蔵
捜真	捜真学院所蔵
東神大	東京神学大学図書館所蔵
フェリス	フェリス女学院資料室所蔵
フランシスコ	マリアの宣教者フランシスコ修道会所蔵
明学	明治学院歴史資料館所蔵
野田秀三	野田秀三氏所蔵

*所蔵者または提供者については、本書の写真に（ ）内に示したが、主として略称で表示させていただいた。なお、和文図書から複写したものは書名を記した。

第一章 女性海外伝道協会の成立

MISSIONARY CRUMBS,

FIRST NUMBER.

WOMAN'S UNION MISSIONARY SOCIETY

OF AMERICA, FOR HEATHEN LANDS.

2nd Edition

JANUARY, 1861.

『MISSIONARY CRUMBS』
創刊号　（共立）

《アメリカからもたらされたキリスト教》

　アメリカにキリスト教が伝えられたのは、一六二〇年メイフラワー号で北米ニューイングランドへ渡ったピルグリム・ファーザーズに始まったといえる。ブラッドフォード総督を中心として、信仰の自由を求めてプリマス植民地を建設しアメリカ建国の基礎を作った。その後、一八世紀後半ジョージ・ホウィットフィールド、ジョナサン・エドワーズのような有力な説教者が現れて、ニューヨーク、ペンシルベニア等の諸州に第一次信仰覚醒運動が烈火のごとく燃え上がり、一八世紀末から第二次大覚醒が起こり、二〇世紀へと展開される形でリバイバルが湧き起こった。リバイバルは、神と自分との垂直的な関係から回心をもたらし、そこから信仰的なエネルギーが生まれ、救われた体験を伝えたいという伝道の力へと変えられていった。アメリカはイギリスとは違って、広大な領地を獲得したので海外へ出る必要がなかった。

　一八二三年「モンロー宣言」が出され、専らアメリカ大陸内部に関心が集中、西部の開拓が進展し、オサリバンが大陸内部の膨張は、「明白な運命」であるとした。その後南北戦争が勃発、大陸横断鉄道が開通、国内産業が急成長していった。一八八五年、オハイオ州シンシナティの会衆派牧師J・ストロングは、『わが祖国』を出版、ベストセラーとなり、非キリスト教国の国民に伝道することは神から託された使命であるといった。その後フロンティア精神は消滅するが、その流れは海外へと波及し海外伝道の全盛時代を迎えることになる。

（岡部一興）

▼女性海外伝道協会の成立と女性宣教師の誕生▲

▼女性宣教師誕生の背景

一九世紀後半のアメリカは資本主義が発展を遂げ、北部の都市では職住分離が進んでいた。夫は家庭の外で働き、妻は家庭で家事と育児に専念するというのが中産階級の典型的な生活形態となった。夫婦の職分が明確化されたことにより、その活動空間もおのずと一線が引かれた。家庭は女性の領域として、男性の職場と同等の価値を与えられたが、それは一方で女性を家庭に閉じ込めることをも意味した。

中産階級にとっての理想の家庭とは、キリスト教信仰に支えられたクリスチャン・ホームである。キリスト教会は、家庭の神聖を強調し、女性の領域を賛美した。世俗の垢にまみれて帰宅する夫を暖かく迎え入れる場として、子どもを信仰の厚い善良な市民に育て上げる場として、家庭がいかに大切であるかが説かれた。

教会は女性にとって家庭以外に許された活動空間であった。言い換えれば、教会活動を通して、女性は社会との関わりをもつことができた。教会においてバザーを開き収益を孤児院に贈る、日曜学校で子どもたちに聖書の話をするといった活動は、キリスト教の博愛精神を実践した社会との接触であり、女性の領域を逸脱するものではなかった。なかでも、日曜学校は女性が教会の中でリーダーシップを取れる数少ない活動の場であった。当時男性は資本主義経済が渦巻く中、世俗的な成功に忙殺されて教会から足が遠のく傾向にあり、礼拝出席者の多くは女性であった。しかし牧師が男性であったことは言うまでもなく、教会の役員もほとんど男性によって占められていた。一方日曜学校は、監督者や世話係などとして女性が活躍し、教会はそのことをむしろ奨励していた。

当初、女性が教会内でリーダーシップを取れたのは、日曜学校などごく限られた場においてであった。しかも、それは一教会内で完結するものであった。ところが次第に、女性たちは、キリスト教の博愛精神を掲げつつ、教会間のネットワークを形成し、より広い空間での社会活動を展開して行く。その目的は貧困女性や孤児の救済が主で、家庭を護るという女性の領域の概念と矛盾しないものであった。だが、その活動自体は、女性の領域が、家庭という私的空間を脱し、教会を通じて、社会という公的空間へ広がっていったことを意味した。

当時の女性が、教会活動のために時間を捻出するのは、さほど困難ではなかったように思われる。一九世紀のアメリカは白人女性の出産率の低下が著しく、一家族あたりの平均子ども数は、世紀初頭の七人から世紀末には三・六人へと減少した。また、熟練した技能をもたない移民女性を家事労働に雇う中産階級が増加し、ガス、水道、調理用ストーブなどの開発もみられた。これらのことにより、女性は以前よりも家事や育児にかかる時間が軽減され、その分の時間を教会活動に費やすことができたことも見逃すことはできない。

教会を拠点とした女性の活動は公的な性格を帯びてきたものの、一組織の地理的な広がりは、大規模なものでも一つの都市域に止まっており、ほとんどが近隣地域の教会間のネットワークに過ぎなかった。この状況に大きな変革をもたらしたのが、南北戦争である。南北戦争は、女性の活動を広範囲にネットワーク化する契機となった。

教会は銃後の守りとしての女性の役割の重要性を説き、志願兵の家族支援やコミュニティの環境保全などを女性が協力して行うことを奨励した。教派が発行する女性向け雑誌は、短編小説や詩などを通じ、女性がどのような形で戦争に協力できるかを、ロールモデルを用いて具体的に示した。戦場での医療活動をサポートするために衛生委員会が組織されると、教会はその活動を全面的に女性に委ねた。戦場へ送る医療物資を調達する資金を得るために、女性は協力の輪を広げていった。「衛生フェア」と銘打ったイベントが、女性により各地で企画開催され成功を収めた。女性による衛生委員会の運営能力を教会は十分に評価した。このような活動を通じて、女性は資金調達、事務処理、広報活動などの方法を学び、組織の形成手腕を身につけていったのである。

▼海外伝道のはじまり

アメリカのプロテスタント教会による海外伝道は、会衆派の有志により一八一〇年に設立されたアメリカ海外伝道局が、五人の宣教師をインドに送ったことに始まる。その後、バプテスト派、長老派、オランダ改革派、聖公会、メソジスト監督派などの主要教派が、次々に海外伝道のための特別組織を結成し、宣教師の派遣を開始した。

しかし、これらの組織は男性宣教師の派遣を目的としたものであり、女性は宣教師の妻という形でのみ同行が許された。宣教師の妻としてアジア、アフリカに渡った女性は、現地の女性の生活を目の当たりにし、その虐げられた姿に強い衝撃を受けた。そして、異教徒の中でもまず女性が、キリスト教の福音によって救われなければならないと痛感したのである。しかし、現地の因習が障害となって、男性の宣教師が女性に近づくことは困難を極めた。例えばインドにおいては、ある程度の生活水準にある家庭の女性は、ゼナーナと呼ばれる女性専用の生活空間に閉じ込められ、そこへ入ることのできる男性は夫とごく近しい親類のみで、外国からやって来た男性の立ち入りは論外であった。また宣教師の妻は、異国で夫を支え、子どもを育てながら、クリスチャンホームを維持してゆくことに大半のエネルギーを消費され、自ら女性への伝道活動に乗り出して行くゆとりはほとんどなかった。なかには強い使命感から伝道を試みる者もいたが、健康を害する結果となり、伝道地からの報告書に宣教師の妻の名前が載る場合は、そのほとんどが彼女の死を告げる時であると言われたほどである。

▼女性による海外伝道協会の誕生

このような状況のなかから、異教女性への伝道に専従できる独身女性宣教師の派遣が、不可欠との認識が生まれた。宣教師の妻たちはアメリカ本国への報告書のなかで、その派遣を要請し、また休暇で一時帰国した際には、率先して各地の教会でその必要性を説いた。これに応える形で、一八六一年一月ニューヨーク在住のセラ・ドリーマス(Doremus, Sarah)という女性が中心となって「米国婦人一致外国伝道協会(ＷＵＭＳ)」(Woman's Union Missionary Society of America for Heathen Lands)が結成され、アメリカで初めての女性による海外伝道協会が誕生した。この協会は、教派の枠にとらわれない超教派組織として発足し、役職も主要教派に均等に割り当てた。同年一一月には、最初の女性宣教師がビルマ(現ミャンマー)に派遣された。また発足後直ちに、機関誌 *Missionary Crumbs* を発行して、協会設立の意義や活動目的を公にし、広く会員を募った。機関誌は、以後アメリカ本国で資金調達や広報などのホームベース活動に従事する会員と海外で伝道活動に従事する宣教師とのコミュニケーションの媒介として、重要な意味をもつことになる。この頃すでに、アメリカ生まれの白人女性の大半は、読み書きができるようになっていた。これは、前述したように、機関誌が本国と伝道地とのコミュニケーション手段として機能しうることを裏付ける事実である。ＷＵＭＳは、結成された同年に南北戦争が勃発したという不運と教派間の足並みが揃わなかったという事情がからんで、大きな組織に発展することはなかった。しかし、南北戦争後に誕生する教派別の女性海外伝道協会に、手本を示した功績は大きい。

南北戦争中、教会を基点とした衛生委員会などの活動を通じて、組織運営のノウハウを習得した女性は、戦争が終結すると、経験を生かせる新たな活動の対象を模索し始めた。そして、異教地の女性を救済するために女性宣教師を派遣するという運動に、多くの女性が共鳴するのである。異教の虐げられた女性を救おうとする行為は、南北戦争で傷ついた兵士を援助した行為と同様に、家庭において夫や子どもを助ける妻・母の役割の延長線上にあり、それは女性の領域の活動とみなし得た。このことが多くの女性を抵抗なく運動に引き込んだ要因と言える。また、ゼナーナなどに閉じ込められた異教女性の姿を想像すると、女性の領域に閉じ込められている自らの姿と重なり、連帯意識を呼び起こしたことも事実だろう。

▼教派別女性協会の成立

ＷＵＭＳの経験から、教派別の方がより良い活動が展開できるとの判断に立ち、教派ごとに女性が立ち上がった。一八六一年の会衆派を皮切りに、主要教派は順次個別の女性海外伝道協会（女性協会）を結成した。男性宣教師の派遣を目的として既に各教派内に設立されていた海外伝道協会（親協会）は、独身女性宣教師の必要性を十分に認識し、その派遣に異存はなかった。しかし、女性協会はあくまで親協会の下部組織であり、その指揮の下に活動することを主張して譲らなかった。その理由は、女性協会が独自の活動を展開すると、それまで親協会にもたらされていた活動資金としての献金が、女性協会に流れてしまうことを恐れたからである。

親協会との協議の結果、女性協会と親協会との関係は、教派により、大きく分けて従属、協力、独立の三タイプが発生した。従属タイプにおいては、女性協会は独立した法人組織にはなっておらず、親協会の下で資金調達のみに携わった。協力タイプにおいては、女性協会は別の法人となり、宣教師採用や資金管理など一部決定権を有した。独立タイプは、組織としては独立したものではあったが、その独立は独自に資金源を開拓することを確約させられた上でのもので、女性協会は礼拝やその他のいかなる教会集会の場においても、献金や寄付を求めることは許されなかった。

女性協会の活動に参加するには二つの道があった。一つはアメリカ本国でのホームベース活動、もう一つは海外での伝道活動である。ホームベース活動は、資金の管理調達、宣教師の採用人事、機関誌発行などである。これらの実務活動は、大都市の一部の既婚女性に多くを依存していたが、アメリカ各地に住む多数の女性が会員として、会費や献金を納める形で金銭的支援をした。女性組織であるがゆえに、大口の寄付は期待できず、できるだけ沢山の会員や献金者を確保する必要があった。そのために会費や機関誌の定期購読料を安く押さえた。また子どもによる少額の献金も貴重であり、機関誌の中に子どものための頁を設けて、伝道地の民話や遊びを紹介し、海外伝道に対する興味を促した。

女性協会は、親協会との摩擦を繰り返しながらも、着実に成長していった。教派別女性協会が誕生して約三〇年後の一八九〇年までに、三四の組織から九二六名の女性宣教師が派遣された。また、一八九三年までに約一五〇万ドルの資金が集められ、海外伝道中のアメリカ人宣教師に占める女性の割合は、六〇％を越していた。

一九世紀後半のアメリカに起こった女性海外伝道運動は、女性の領域を打破するのではなく、拡大することによって、花開いた運動である。キリスト教の福音により、虐げられた異教女性を救済しようとしたこの運動は、家庭という女性の領域の中に閉じ込められていたアメリカ人女性のエネルギーをも救済するものでもあった。女性海外伝道協会の設立を認め、女性が自らの能力を生かしリーダーシップを発揮できる場を与えたという点において、教会の姿勢は評価できる。だがその一方で、牧師への登用など教会機構における女性の地位の問題を棚上げにし、女性を従来の領域に止めおいたことも否めない事実である。

▼女子教育の重要性

一九世紀は女性の領域から導き出される思想によって、女子教育の重要性が叫ばれた時代だった。つまり家庭という女性の領域において、子どもを立派な市民に育て上げるためには、母親は知的でなければならないという考えである。このため、フィーメイル・セミナリーと呼ばれる女子中等教育機関が、数多く設立されるようになる。

また当時は、公立学校制度の普及から教師の需要が高まり、人員不足が生じていた。フィーメイル・セミナリーは、敬虔にして教養高い家庭婦人の育成とともに、女性教師・女性宣教師の養成を目標に掲げていた。女性教師は安価で雇えることから重宝がられ、フィーメイル・セミナリー出身の教師が多く生まれた。例えば、一八三七年に創立されたマウント・ホリヨーク・フィーメイル・セミナリー（Mount Holyoke Female Seminary）では、開校後四〇年間は卒業生の七〇％

が初中等教育機関の教師になっていた。女性教師の給料は男性の半分以下であったが、一八六〇年マサチューセッツ州では、初中等教育機関の教師の五分の四は女性だった。ニューイングランドでは、一八二〇年から六〇年にかけて女性の四人に一人が教師を経験していた。また一八五〇年初頭ペンシルベニア州の公立小学校では、八一人の男性教師に対して女性教師は六四六人であった。つまり教師は中産階級の独身女性にとって、典型的な職業だったのである。女性海外伝道協会により宣教師に採用された女性は、フィーメイル・セミナリーにおいて教師の資格を取得し、教師経験のある者が多かった。

伝道地において、女性宣教師は教師経験を生かし女子教育に積極的に取り組んだ。教育を通しての伝道を実践しようとしたのである。キリスト教を教育することは、キリスト教文化の押し付けあるいは西欧化という図式を考えがちであるが、必ずしもそのような一方的なものではなかった。言葉を例に取ると、宣教師は着任後しばらくの期間は、現地語の習得に専念することが義務づけられていた。教育の場においても、生徒にとっての母国語の読み書きが最優先された。現地の文化を尊重することも念頭に置かれた。中国に派遣された女性宣教師たちは、ホームベースから現地の子どもたちへのクリスマス・プレゼントとして金髪の人形が贈られて来た時、夜を徹して全ての人形に黒髪のかつらをつけたというようなエピソードもその意識の表れだろう。

一九世紀の終わりには四二の組織から派遣された一二〇〇人以上の女性宣教師が、世界各地で異教女性への伝道に携わっていた。女性宣教師は志願の際に、その職を生涯の仕事とする心積もりが期待され、少なくとも五年は続けて勤務することが要求された。五年から七年に一度程の割合で、一年間の帰国休暇が与えられたが、帰国中、各地の教会において伝道地の活動報告を求められるなど、純粋な休暇とは言いがたいものであった。そして、その生涯を伝道地で終えた者も少なくなかった。

（齋藤元子）

【参考文献】

小檜山ルイ『アメリカ婦人宣教師——来日の背景とその影響』東京大学出版会　一九九二年
齋藤元子『女性宣教師の日本探訪記——明治期における米国メソジスト教会の海外伝道』新教出版社　二〇〇九年

第二章

幕末・明治初期に来日した女性宣教師

神奈川成仏寺の宣教師たち（開港資）

《女性宣教師たちの来日》

一八五四年日米和親条約を締結、一八五八年ハリスとの間で日米修好通称条約が締結されると宣教師の来日が認められ、一八五九年五月宣教師リギンズが、翌月C・M・ウィリアムズが長崎に、同年一〇月ヘボンが、一一月S・R・ブラウンとシモンズが横浜に、フルベッキが長崎に上陸、その後、続々と宣教師が来日することになる。

アジアにプロテスタント・キリスト教が伝えられたのは一八世紀末のことであった。先鞭をつけたのは、一七九三年バプテスト派に転じたイギリスのウィリアム・ケアリーがインドのカルカッタに上陸した。このように未開の地に行くのは自らの救いの体験を伝えることにあった。この流れはアメリカに飛び火し、一八一〇年にはアメリカン・ボードが設立、その後次々に各教派により海外伝道局が創立され次第にイギリスを凌ぐことになった。アメリカでは独立戦争後、西部への開拓に伴いキリスト教が進展、巨大なリバイバル運動となって世界伝道へと押し出された。

幕末から明治初期に来日した女性宣教師たちは、最初に来浜した独身のエイドリアンス、カノーヴァーを除き、ヘボン、ゴーブル、バラ、ルーミス夫人たちは、既婚宣教師として宣教事業に関わった。幕末の騒然とした社会状況の中で、禁教下においてはキリスト教の布教は困難を伴ったが、日本語を学び日本への理解を深め日本人の子どもや少女たちに英語を教え日曜学校を行ない、また女性たちへのつながりを持っていった。

（岡部一興）

▼第一節▲最初に来日した女性宣教師

クララ・リート・ヘボン

Hepburn, Clarissa Maria Leete 1818 - 1906

◇日本での女子教育に尽力したヘボン夫人

（野田秀三）

クララ・リート・ヘボンは、一八一八年六月二五日、米国コネチカット州ギルフォードで父ハービー・リート、母サリー・フォウラー・リートの長女として生まれた。生家のリート家は、アメリカの初代がコネチカット植民地州知事を務めた地元の名門であった。クララが三歳の時妹のサラが生まれたが、母のサリーが産後の肥立ちが悪く二〇歳の若さで亡くなった。父ハービーはほどなくして幼い二人の娘を連れて、南部のノースカロライナ州ファイエットビルに移住し、やがて同地でサラ・クックと再婚した。その後、クララには異母兄弟姉妹として四人の弟と一人の妹が与えられた。妹のイザベラ（Leete, Isabella A. 1830-1913 ?）と二番目の弟チャールズの娘レナ（Leete, Louisa（Lena）Arlena 1855-1893）は、後にクララを慕ってアメリカ長老教会の女性宣教師となって来日することになる。

父のハービーは同地で商人として成功し、またファイエットビル第一長老教会に所属し、一八三七年から亡くなる一八五二年まで長く筆頭長老として奉仕した。クララはこの教会員となり故郷を離れるまで通い、ヘボンとの結婚式もこの教会で挙げた。

クララは学齢期に達すると、一八一五年に創立されたファイエットビル・アカデミー女子部に入学したと思われる。この女子部は一八三五年にファイエットビル女学校として独立したが、クララの一二歳年下の妹イザベラは同女学校を卒業している。従って、クララがこのアカデミー女子部に在校したことはほぼ間違いないと思われるが、その在籍を証明する資料が残っていないため、断定には至らない。当時の女子部のカリキュラムは読み書きの他、英文法、地理、歴史、ギリシャ神話、修辞法、文学、作文法、自然哲学、植物学、裁縫、音楽、図画、フランス語、論理学、天文学、数学、幾何、代数、ギリシャ語、ラテン語の各科目が置かれ、選択制で科目毎に授業料が異なり選抜試験も行われた(1)。

▼ヘボンとの出会いと東洋伝道

クララは学業を終えると故郷を出て、ペンシルベニア州ノリスタウンの従兄弟の経営するノリスタウン・アカデミーの助教となった。そして、この町で開業医の青年医師ヘボン（Hepburn,

James Curtis 1815-1911）と出会い、二人は共通の関心事である海外伝道を語り合い、将来に希望を見つけて結婚の約束を交わした。(2) こうしたクララの「自立」そしてヘボンとの海外伝道を前提にした「結婚」の過程を見ると、クララがしっかりした自立心および独立心を備えた女性であったことがわかる。

クララとヘボンは一八四〇年一〇月二七日、新婦の母教会《ぼきょうかい》で結婚式を挙げ、アメリカ長老教会シャム（タイ）派遣宣教師として、一八四一年三月一五日、ボストンの港から東洋へと出航した。最初の滞在地シンガポールで二年を過ごし、その後アヘン戦争によって開港した清（中国）のアモイに転任し、同地でサムエルを得、ヘボンは念願の病院も建設してようやく医療伝道も軌道に乗って来た矢先に、クララがマラリアに感染し重症となった。マカオへの転地療養も試みたが効果がなく、ヘボンは遂に伝道を諦め本国への帰国を決意した。一八四五年一一月三〇日、家族三人はマカオを出航しニューヨークへ向かった。四年間の東洋伝道であったが、若いクララには精神的にも肉体的にも大きな重荷の日々であった。

ヘボンは帰国後ニューヨーク市四二番街で診療所を開き、幸い徐々に患者も増えて繁栄し、二棟もの別荘を借りるまでになった。しかしその一方で、夫妻に新たに与えられた息子たち三人を相次いで失うという不幸に見舞われた。一歳から五歳の可愛い盛りの子供たちを次々に亡くしたクララの心痛は、計り知れなかった。

一八五九（安政六）年、ヘボン夫妻は一三年間のニューヨークでの病院経営を打ちきり、資産を売り払い、再び東洋伝道に出発した。目的地は日本であった。この時、ヘボン四四歳、クララは四一歳になっていた。一四歳になった唯一の息子サムエルを知人に預けての訪日であった。

　クララは来日の翌年、一八六〇年春に逸早く滞在先の神奈川宿成仏寺《じょうぶつじ》で毎日一時間から二時間、大人と子供の五人に対して英語を教え始めた。この英学塾は日本で最初のミッション・スクールとも言うべきもので、授業は暫く続けられたが、アメリカに残して来た息子サムエルに問題が起きたことから、クララは一八六一年九月一七日、単身で急遽アメリカに帰国した。そのためこの英語クラスは一旦中断されることとなった。

　一八六三（文久三）年三月三〇日、クララは約一年半振りに日本に戻り、横浜居留地三九番の新居に落ち着くと、その年の九月から少年たちを集め英語クラスを再開した。この英学塾は後年「ヘボン塾」(3)と名付けられるが、在日ミッションでは「ミセス・ヘボンの学校」と呼んでいた。

　その後、ヘボン邸ではクララの英語クラスとヘボンの医学生指導、それに日曜学校（バイブル・クラス）が開かれ多くの男女生徒で賑わった。この時期にクララのもとで学んだ生徒たちには、林董《ただす》（英国大使、外務大臣）、高橋是清《これきよ》（日銀総裁、大蔵大臣、総理大臣）、益田孝（三井物産初代社長）、三宅秀《ひいず》（東京大学医科大学長・初代医学博士）、早矢仕有的《はやしゆうてき》（丸善創業者）など後年社会で活躍する多くの俊秀がいた。

　江戸幕府は倒れ、時代は明治へと変わっていった。一八七〇（明治三）年九月からアメリカ・オランダ改革教会の女性宣教師メアリー・エディ・キダー（Miller, Mary Eddy Kidder 1834-

1910）が、助手としてクララの応援に来た。キダーは午後一時から四時まで授業を受け持ち、その後一年近く男女の生徒たちを指導していたが、ヘボン夫妻が一八七一年一一月に『和英語林集成』の第二版の印刷のため再び上海に向け出発すると、彼女は指導する女子クラスを自分の管理下に置いて、より完全なキリスト教教育を実施したいと思うようになった。翌年七月二〇日にヘボン夫妻が上海から横浜に戻ってくると、キダーは月末に神奈川県権令大江卓《たく》が私費で用意してくれた野毛山の官舎の一棟へ女子生徒二八名を連れて移った。このキダーの女子クラスが今日のフェリス女学院の源流となった。

▼私塾からミッション経営の学校へ

ヘボン夫妻は一八七二（明治五）年一〇月、賜暇《しか》休暇を得て本国に一時帰国し一年後の一八七三年一一月に横浜に戻った。丁度ヘボン夫妻が日本を離れていた一八七三年二月二四日、「切支丹禁制の高札」が撤去され、キリスト教は政府黙認となった。これを受けて欧米諸教会から宣教師の派遣が相次ぎ、私塾や各派の学校が多数現れるようになった。こうした社会環境の変化の下に日本に戻ってきたクララは、従来の私塾的学校運営を改め、在日ミッションの教育事業として横浜における女子教育の拡充を目指すことにした。

早速クララは、一八七四（明治七）年一月から全日制の学校を始めた。当初は女子教育に特化することで開校したが、男子の入学希望者も多く、結局五歳から一四歳までの少年と少女、合わせて二五人の共学の学校としてスタートした。カリキュラムも整えられ、英語の読み書き、英作文、英文法、算数、地理、世界史等が一二～一五人のクラスに分けられ、学力の進度に合わせて教えられた。クララは英語クラスを教え、ヘボンは授業の前に日本語で福音書を説き、ルーミス（Loomis, Henry 1839-1920）およびO・M・グリーン（Green, Oliver Olsmby Maclean, 1845-1882）が別クラスで地理、世界史、算数、文法等を指導し、横浜在住の長老ミッション宣教師総出の学校となった。生徒数も翌月には四〇人以上に増加した。また生徒はアメリカ・オランダ改革教会在日ミッションの指導下にある日本基督公会（現横浜海岸教会）、と関係を持たないことが条件とされた。それはこの学校がアメリカ長老教会在日ミッションの伝道の一環として位置付けられ、日本基督公会と関係の深いキダーの女学校およびアメリカン・ミッション・ホーム（現横浜共立学園）と一線を画すための処置であった。

在日ミッションでは男子教育を強化し、しかるべきキリスト教教育機関として発展させるという方針を立て、一八七五（明治八）年八月、ジェームス・H・バラ（Ballagh, James Hamilton 1832-1920）の弟で横浜の高島学校や市中修文館で教師をしていたジョン・C・バラ（Ballagh, John Craig 1842-1920）を在日ミッションに迎え入れた。バラは本国の中学校長の経験を持つ教育の専門家で、早速改革に取りかかり一部寄宿制を取り入れ就学年齢を一七歳から一九歳までの三年間とし、やや高等な授業を行い授業料も徴収した。

ヘボン夫妻は一八七六年春に山手に転居し、代わってバラ夫妻が横浜居留地三九番の宣教師館に入居した。以後男子部は「ミセス・ヘボンの学校」から分離独立し「バラ学校」と呼ばれるようになった。在日ミッションは更に学校の規模拡大を目指し一八八〇（明治一三）年四月、東京築地居留地七番に校舎を新築移転し築地大学校と改称した。同校は次いでオランダ改革教会経営の横浜先志学校と合併し、東京一致英和学校と校名を変え、やがて一八八七（明治二〇）年に芝白金に新キャンパスを得て、明治学院普通学部へと発展して行くことになる。

▼女子部の隆盛とマーシュ

男子部が分離したあとの学校には女生徒二〇人が残り、新たに五人の生徒を迎えた。そのためクララ一人では手が回らず、バラ夫人のリディア（Ballagh, Lydia Evelina（Benton）1829-1884）が一時応援した。しかし、クララの健康不安もあり、ヘボンは海外伝道局に女子教育専任の女性宣教師の派遣を求めた。これを受けて一八七六（明治九）年一〇月三一日、ベル・マーシュ（Marsh, Belle 1847-1896）が来日した。彼女は早速クララの女子生徒の指導を始め、同時に敷地内にあるバラ学校の教師も兼任した。

マーシュは前向きに仕事に向かい、クララも全幅の信頼を置いて学校業務の総てを任せることにした。マーシュは暫くすると女子クラスと男子青年クラスが隣接していることは教育上良くないと考えるようになり、そこで彼女は女子部を住吉町教会（旧横浜第一長老公会）に隣接する家屋に移すことを提案し、ヘボン夫妻の賛成を得た。しかし、在日ミッションでは同時期にバラ学校の東京移転の計画が起こって、女子クラスの移転の話はすぐには進まなかった。

マーシュは優れた指導力を発揮し生徒の数も四〇人に増え、翌年になると五〇人を超える女子クラスへと発展した。ところが、彼女は一八七九（明治一二）年一〇月、アメリカ・バプテスト教会の宣教師トーマス・P・ポート（Poate, Thomas P. 1848-1924）と結婚し、バプテスト教会に転籍してしまった。マーシュの転籍により女子クラスは再びクララが面倒をみることになった。

バラ学校の東京移転に続いて今度は女子クラスの校舎移転が在日ミッションで認められ、住吉町教会隣接の建物に移ることとなった。住吉町に移転した女子クラスには三五人の生徒が集まった。しかし、クララも六〇歳を過ぎ年齢的にも世話が難しくなってきたことから、ヘボンは海外伝道局にかつてのマーシュのような専任で女子教育を担当出来る女性宣教師の派遣を再度要請した。

一八八〇（明治一三）年一月、女子クラスの教師としてカロライン・T・アレキサンダー（Alexander, Caroline Tuck 1854-?）が横浜に派遣されて来た。ヘボン夫妻は一八八一（明治一四）年三月に静養の目的で欧州に出発し、翌年一月まで横浜を留守にした。そのため学校はアレキサンダーが責任を負い、校名も「ミセス・ヘボンの学校」から「住吉学校」と変更された。一八八三年九月にアニー・B・ウエスト（West, Annie Blythe 1860-1941）が横浜に到着し、アレキサンダーをサポートすることになった。

やがて、住吉学校は生徒数も安定して来たことから、一八八四（明治一七）年に神奈川県に「私立小学校設置願」を届け出た[4]。クララはこの頃は住吉学校の校務から離れ、日曜日の午後、外国人児童に一般科目を教えていた。

▼クララの引退とケイス

一八八五（明治一八）年七月、アレキサンダーとウエストは白金猿町にある頌栄《しょうえい》女学校（Dai Machi Girls School 現在の頌栄女子学院）で教鞭を取ることになり、東京に住まいを移した[5]。週二回アレキサンダーが通いで来浜し、音楽を中心に二、三時間の授業を行い、その他の授業は日本人の教師六人が分担することになった。この頃から生徒が増え始め一八八八（明治二一）年末には一気に二七〇人を超えるほどとなり、補習クラスにも五〇人近くが学ぶ大きな小学校になった。そこで在日ミッションは教室の増築と日本人教師を八人に増やし内五人をクリスチャンとする改善を図り、更に一八八七（明治二〇）年五月に来日し健康を害して三島地方で療養していたケイス（Case, Orietta W.）が、一八九〇（明治二三）年二月から横浜に定住し学校の責任を担うことになった。ケイスが校長になると生徒は更に増え、半年後の八月には三〇〇人を数え、日曜学校も一〇〇～一二五人が出席するようになった。ケイスは順調に学校の管理・運営を進めヘボン夫妻、とりわけ学校創立者であるクララを安心させた。

ヘボン夫妻は最後の奉仕として新たな教会堂の建設を計画し、アメリカに募金のため一時帰国し多額の寄付金を持ち帰り、これに自己と教会員からの献金を加えて、一八九二（明治二五）年一月、尾上町六丁目に赤レンガの新会堂を建設し、住吉町教会をここに移し教会名を「指路教会」と改称した。そして、夫妻は同年一〇月二二日、高齢を理由に三三年間の日本での奉仕を終えてアメリカに帰国し、ニュージャージー州イースト・オレンジに終の住処《すみか》を定めた。

ケイスはその後も横浜地区の唯一人の長老教会在日宣教師として、住吉小学校の男女児童の教育と本牧を含む日曜学校を主宰していたが、一八九九（明治三二）年八月三日に公布された「私立学校令」第八条の私立小学校の禁止および「文部省訓令第一二号」の一般教育における宗教教育の禁止によって、クララによって開始された学校運営を諦めて二七年間にわたる長老教会ミッション経営の学校を閉じた。

その後、ケイスはミッションの教育事業として、その年の一二月一日に成人を対象とする「実業学校」（Industrial School）を旧住吉小学校校舎で開校し、校長に就任し英語と聖書を教えた。この学校は一九〇三（明治三六）年一〇月にケイスがミッションを離れるまで続けられた(6)。一方、「住吉小学校」の廃校後、指路教会付属として「女子住吉学校」が開校され、同教会牧師の山本秀煌《ひでてる》らが指導に当たった。授業科目は裁縫、英語、生け花、音楽等であったことから、小学課程よりも年長の生徒が学んだものと思われる。同校はいつまで続いたかは不明である(7)。

クララは一九〇一年頃から精神を病み、その症状は年々悪化し病院を転々とし、遂に見舞いに訪れる夫を識別できなくなった。一九〇六年三月四日、クララは肺炎がもとで召天した。享年八八歳であった。ヘボンは一九一一年九月二一日早朝、九六歳で天に召された。その日、ヘボンゆかりの明治学院の寄宿舎ヘボン館が全焼したことは偶然とは言え不思議な出来事であった。

（中島耕二）

【注】

（1）“History of First Presbyterian Church, Fayetteville, North Carolina” 1928　p137-138

（2）グリフィス、佐々木晃訳『ヘボン　同時代人の見た』教文館　一九九一年　三〇頁。

（3）「ミセス・ヘボンの学校」を「ヘボン塾」と呼んだのは、『明治学院五十年史』（鷲山弟三郎　一九二七年）が最初である。

（4）創立百周年記念事業実行委員会編『指路教会百年の歩み』（横浜指路教会　一九七四年）五〇頁。「私立小学校設置願」の原本は未見のため、申請の詳細は不明である。

（5）二人は東京芝二本榎西町二番地に住み、頌栄女学校で教えると同時に同地でバイブル・ウーマンを育成する「聖書学館」の指導にあたった。

（6）“File of Miss Orietta W. Case” The Presbyterian Historical Society, Philadelphia 所蔵

（7）岡部一興『山本秀煌とその時代』教文館　二〇一二年　一二二頁。

キャロライン・エイドリアンス

Adriance, Caroline　1824 - 1864

◇最初に来日した独身女性宣教師

エイドリアンスはＳ・Ｒ・ブラウン（Brown, Samuel Robbins 1810-1880）が牧師を務める米国ニューヨーク州オワスコ・アウトレットのサンド・ビーチ教会の会員であった。牧師ブラウンがオランダ改革派教会の日本派遣宣教師に選ばれると自分も日本女性への宣教を志し、諸費用を自己負担する自給宣教師として一八五九（安政六）年一一月、ブラウンと共に来日した最初の独身女性宣教師である。

父ジェイコブ、母エリザベス・ハンフリーの六人の子供の四番目の長女としてニューヨーク州ケイユーガ郡で誕生した。両親の墓はオワスコ湖畔のレイクヴューセメトリーにある。サンド・ビーチ教会はオランダ改革派教会の信者によって一八〇七年頃この湖の近くに創立された。

先祖はオランダのライヤーソン家の出身で一人はアムステルダム市長を務めた名家であったがスペイン属領時代に一族はアメリカへ移住した。ライヤーソン家はその後ライヤーソン家とエイドリアンス家に分れた。子孫はアメリカ各地に広がり、両家のモットー「父なる神の国で神のご用のために」にふさわしく敬虔な信仰心、強固な意志と勤勉さを以ってアメリカ国家建設の力となった。

一八五九年五月七日にアメリカを出発した一行は一一月一日横浜に到着した。神奈川での準備が整うまでエイドリアンスはブラウンの家族（妻エリザベス、長女ジュリア・マリア、次男ハワード、次女ハリエット）と共に上海で待機していた。神奈川の宿舎に落ち着くと、毎日二人の頭の良い少女の家庭教師を務めた。キリスト教禁制下で宣教師に対する警戒は厳しく、日本人に対する伝道を始めることは困難であったから恐らく聖書をテキストに使い英語を教えていたのであろう。志と異なり宣教の成果を得られないまま、エイドリアンスは一八六二年一〇月日本を発ちアモイに移り、同地の改革派教会ミッションに合流した。しかし一八六四年三月五日[1]結核のため同地で死去した。遺言により遺産三〇〇ドルはＷＵＭＳ[2]に献げられた。ＷＵＭＳは一八六一年ニューヨーク市に設立されたその年、横浜のヘボン、ブラウン両夫人からの要請によりエイドリアンスに五〇ドルの献金を送っている。失意の中にあったエイドリアンスにとっては大きな励ましとなったことであろう。心からの感謝の意は遺産贈与という形で表わされた。先祖の残した家訓の通り「神のご用のために」捧げられた四〇年の生涯であった。

（安部純子）

【注】

（1）死亡年月日についてフルベッキ著『日本プロテスタント伝道史』は一八六三年と年号のみ記しているが、ＷＵＭＳ資料は一八六四年三月五日と記録している。ＷＵＭＳはエイドリアンスから遺産贈与されていることもあり、こちらの記録に従った。

(2)WUMS The Woman's Union Missionary Society of America for Heathen Lands の略称。日本語名「米国婦人一致外国伝道協会」 詳細は、「プライン、ピアソン、クロスビーの来日」の項参照

【参考文献】

"The Ancient and Honorable Family of Ryerson and Adriance" Historian Office of Sand Beach Church

J・R・カノーヴァー

Conover, Jeannette R. 生没年不詳

◇幕末の動乱期に遭遇した女性宣教師

アメリカ聖公会が最初に日本に派遣した女性宣教師カノーヴァーは一八六三(文久三)年三月三〇日横浜に到着した。

聖公会は次の五つの機関から女性宣教師を派遣している。

1. アメリカ聖公会

内外伝道協会伝道局の補助機関として一八七一年認可された女性伝道補助会

2. 英国教会伝道協会　Church Missionary Society（CMS）
3. 英国教会海外福音宣教協会
　Society for the Propagation of the Gospel in Foreignparts（SPG）
4. 聖パウロ・ギルド（英国教会系）
5. カナダ聖公会内外伝道協会

カノーヴァーはアメリカ聖公会に女性伝道補助会が設けられる以前の一八五四年から約五年間伝道局から派遣されて中国・上海の女学校で宣教師として働いた経験もあった。再び宣教師として日本へ行くことを志願すると伝道局は「さしあたり日本の神奈川で長老ミッションの宣教医ヘボン博士の家族と同居すること」を許可した。つまり伝道局は日本での活動に関して明確な方針を定めていなかったものである。折しも一時帰国中のクララ・ヘボンが横浜へ向かうところで、同じ船で日本へ出発した。

二人が到着した時、ヘボン博士は既に横浜居留地に新築した宣教師館に移っていたため、カノーヴァーは神奈川でなく横浜のヘボン邸に住んだものと思われる。その横浜は政情不安のために騒然としていた。前年一八六二（文久二）年九月に起きた生麦事件の賠償金問題をめぐり、幕府と英国側は外交的危機状況にあり、横浜港には英国の軍艦が並び緊迫した様相を呈していた。これに激昂した過激な攘夷派浪人が大挙して横浜の外国人を襲撃するという風説も広まった。一八六三年五月三日神奈川奉行が市民避難令を発したことで市内は混乱し、横浜と周辺住民はパニックに陥り、外国居留民も横浜港に停泊する各国の船舶に避難した。横浜に停泊中の船に避難したカノーヴァーは船中から本国伝道局に次のような手紙を送った。

「外国人は何度か襲撃されており、日本人は居留地が焼かれるだろうと考えています。男性も女性も殆どの外国人が全員武装しはじめています。私たちの生命は危険なので、私は上海に行くことを決心しました。」(五月七日付)

宣教の意欲も虚しくカノーヴァーは来日二か月足らずで日本から退去せざるを得なかった。

(安部純子)

【参考文献】
大江満『宣教師ウィリアムズの伝道と生涯――幕末・明治米国聖公会の軌跡』刀水書房　二〇〇〇年

▼第二節▲宣教師の妻としての伝道活動

エリザ・ウィークス・ゴーブル
Goble, Eliza Weeks 1836 - 1882

（東神大）

◇宣教師の妻としての生涯

エリザ・ウィークスは、一八三六年一〇月一五日、米国ニューヨーク州オレンジ郡チェスターで生まれ、一九歳で、ジョナサン・ゴーブル（Goble, Jonathan 1827-1896）と結婚し、二三歳で、宣教師の妻として来日した。

ジョナサン・ゴーブルは、一八二七年三月四日、ニューヨーク州スチュペン郡ウェイン村キウカで、父ガーショム、母エイミーの長男として誕生、その後五人の弟妹を持つ。父ガーショムは、ジョナサンが一一歳の時に死亡した。数年後、母が再婚したので、農場経営の祖父母に養育される。一九歳の時に、ジョナサンは、金銭強要の脅迫状（労賃の争いのもつれか）を送ったかどで、同州オーバン刑務所に二年間服役する。服役中に製靴技術を修得するとともに、回心の体験をし、一八四八年出所後バプテスマ（浸礼）を受ける。

一八五一年一二月、ジョナサンはペリー艦隊乗員募集に応募、海兵隊員となり、翌年早々ミシシッピ号に配属される。一八五三（嘉永六）年七月一一日、来航、折にふれて日本人との交歓の機会を持つ。また、日本来航に先立ち、琉球那覇でベッテルハイムに会い、日本伝道、聖書翻訳について影響を受ける。一八五五年、ペリー艦隊より除隊した。

一八五六年四月一四日、エリザ・ウィークスと結婚する。ジョナサン・ゴーブルは学生結婚を禁止していたマジソン学園から退学させられることになったが、聴講生として続けることが許可された。翌年長女ドリンダが誕生した。

一八五九年五月、ゴーブルはアメリカ・バプテスト自由伝道協会（ＡＢＦＭＳ）の年会において日本伝道宣教師として任命され、一一月五日に妻子と仙太郎（栄力丸の漂流民）をつれてニューヨークを出航したが、サンフランシスコで二か月余り滞在したので、横浜に到着したのは一八六〇（万延元）年四月一日であった。

神奈川の住居、成仏寺に着いたとき、エリザが「私たちはとうとう日本につきました。そうです、ここ日本こそ神の下さった私たちと子どもらの故里。ここ日本で私が生きることを、働くことを、死ぬことを、骨を埋めることをお許しください」と日記に書いている。成仏寺では、最初、先着の改革派宣教師Ｓ・Ｒ・ブラウンの家族が住んでいた庫裡の下男部屋を提供された。しかし狭いので、境内の小さい家を修理して住むことにした。成仏寺での生活は一八六二（文久二）年の初春まで続くが、その間エリザの病気や南北戦争のためミッションからの送金停滞など困難が重なった。しかし夫妻は靴直しやミシンの縫物に励み、合間を見て神奈川宿の民家を訪れ、民衆にも接した。また、一八六一年八月三〇日にここで次女メアリー・フランシスが生まれた。一八六二年の春には、横浜居留地一一〇番に建てた家に移転した。ミッションから十分な支援を得られないので、ここでも靴直し、裁縫の内職を夫妻で始めた。隣接地一〇六番を入手、そこに英語塾を開いて夫妻で教え、エリザは中国人相手の夜間クラスまでつくるなど懸命に生活を支えた。南北戦争が勃発し、教区維持困難のため、ミッション本部からの帰国要請があるが、それを断り、日本残留の決意を伝える。八月下旬長女ドリンダがコレラにかかり四歳の生命を二四時間のうちに失った。

一八六三（文久三）年は攘夷令の布告のため居留地は騒然となって、遂に英仏軍の山手駐屯にまで事態は発展した。エリザは浪人の襲撃の噂をきいて、幼い子を抱いて、洋上の船に乗るために髪ふりみだして波止場まで走ったこともあったという。一八六四年七月二八日、三女エニー・オーセリアが誕生する。

一八六七年、ゴーブルは病気がちなエリザのためにミッションに二か月の休暇を願い出て、上海へ行って転地療養をすることにした。グラヴァー商会の船に乗り、阿波、長崎によってから目的地に向かう予定だったが、同船者の中に偶然彼らが教えた阿波藩士と土佐藩士がいたことから予定を変更する。長崎の高台にしばらく住むと、エリザの健康は回復した。

横浜居留地一五〇番の嫌な湿気から逃れて、漸く山手居留地七五番Aに移ったのは一八七〇（明治三）年九月であった。エリザの病篤く、英語塾を中止し、一二月に彼女は、二人の娘とともに帰米する。妻子を帰国させ一人になったゴーブルは聖書翻訳と活字鋳造に専念し、一八七一（明治四）年一一月に『摩太福音書』を完成した。一二月、彼は岩倉使節団と同じ船で帰国し、妻エリザの実家のあるアイオア州マーシャルタウンで家族と再会する。

一八七二年、南北戦争終結から数年たって対立の理由もなくなったうえ、経済的に立ちゆかなくなったＡＢＦＭＳは、日本伝道区維持を条件にアメリカ・バプテスト宣教師連合（ＡＢＭＵ）と合併することになり、ＡＢＭＵはこれを承認し、ゴーブルは日本派遣宣教師に任命された。また日本伝道区主任宣教師にネーサン・ブラウン（Brown, Nathan 1807-1886）が任命された。

一八七三（明治六）年二月七日、ゴーブル夫妻と二人の娘は、ネーサン・ブラウン夫妻と二人の娘とともに、横浜に到着した。ゴーブルが用意していた山手居留地七五番ＡとＢの家は使用されていたので、二家族一緒に山手居留地二〇三番に入居する。「切支丹禁制の高札」の撤去（同年二月二四日）直後の第一聖日（三月二日）にブラウン夫妻、ゴーブル夫妻の四名で「横浜第一バプテスト（浸礼）教会」を設立する。主任牧師ネーサン・ブラウン、書記ジョナサン・ゴーブルとなる。三月一〇日頃ゴーブルは山手居留地七五番Ａへ、ブラウンは山手居留地七五番Ｂへそれぞれ移転する。

同年七月一三日、筆工石川寿一郎に本牧海岸でバプテスマを授ける。国内最初のバプテスト入信者である。ところが、同年一二月石川寿一郎を殴打したことから、教会を脱会した。ミッショナリー同盟はそれを認めず解雇を決議する。ゴーブルは独立バプテスト教会を設立し、山手居留地二二四番に「真道館」を開くが、病気となり蟄居する。「真道館」は未完成のまま、米国メソジスト宣教師マクレーに譲渡、「天安堂」と改名され、一八七七（明治一〇）年、山手居留地二二一番に移される。

エリザは一八七八年から翌年にかけて半年間婦人病のために臥し、その後再び病気は悪化し、一八八二（明治一五）年五月一日、死去、享年四六歳だった。山手の横浜外国人墓地の長女ドリンダの墓の側に埋葬される。碑銘に彼女の愛唱した『旧約聖書』の「詩篇」二三編が刻まれ、『信仰の勝利』という追悼パンフレットが配布された。

ゴーブルの活躍は妻エリザがなくなった一八八二年五月一日を機に力を失っていった、という。宣教師の妻としてのエリザの支えがいかに大きかったかを示している。

（小玉敏子）

【参考文献】

川島第二郎『ジョナサン・ゴーブル研究』新教出版社　一九八八年
『横浜教会百年史』日本バプテスト横浜教会　一九八一年

マーガレット・T・K・バラ

Ballagh, Margaret Tate Kinnear　1840 - 1909

◇ジェームズ・H・バラと歩んだ四八年の日本宣教の生涯

（CL）

マーガレット・テイト・キニアは一八四〇年一一月二三日、米国バージニア州のロックブリッジ郡に生まれた。後に結婚するジェームズ・H・バラとは父親どうしが若い頃北アイルランドから渡米した時の乗船仲間であった。マーガレットは父アンドルー・キニアが彼女の幼いうちに亡くなり、母親も追って亡くなったので、子供のなかった父の姉夫婦に育てられた。両親の信仰を受けつぎ勤勉な少女に成長し、最終の教育はペンシルベニア州ノリスタウンで受け、バラが大学を卒業した同じ年に高校を一番の成績で卒業している。一方、J・H・バラは一八三二年九月七日ニューヨーク州生まれ。一九歳のとき家族ともニュージャージー州に転居、一八五二年宣教師をめざしてラトガース大学入学、働きながら修学し五七年卒業。さらに同じ改革派のニューブランズウィック神学校に進み一八六〇年に卒業、牧師の資格を得た。在学中からS・R・ブラウンの呼びかけにより日本伝道を志していたが、開港後最初にブラウンやフルベッキらと、米国のオランダ改革派教会（Reformed Protestant Dutch Church 一八六七年から Reformed Church in

America アメリカ改革派教会に改称）から派遣された宣教医シモンズ（Simmons, D.B. 1834-1889）が、翌一八六〇年日本ミッションを離れたことから、一八六一年一月ブラウンの推薦によりバラの日本行きが決定した。人々へ別れを告げに一月半ば親類の多いバージニア州リンチバーグに行ったところ、周囲から妻を伴うことを強く勧められ数人の候補まで紹介された。その中に父から名前を聞いたことのあるアンドルー・キニアの一人娘がいたのである。奇縁を感じたジェームズは二月初旬、彼女が住むインディアナ州ブラウンズバーグの町まで会いに行き、海外宣教の意思でも一致して急接近し、めでたくジェームズは多くの求婚者の中から選ばれた。五月一五日、二人はブラウンズバーグのニュープロヴィデンス教会で結婚式を挙げた。

結婚して半月後の六月一日、二人は大型帆船キャセイ号に乗ってニューヨークを出航した。船内には中国行きの宣教師らもいて、勃発した南北戦争を気にしながらも毎日礼拝を守り、漢字を学んだりして快適な船旅が進んだ。喜望峰を回って南アジア方面に向かい、九月二一日にアモイに到着。さらに上海で一九六トンの船に乗りかえて日本に向かった。小さな帆船は海の中で「コルク栓」のように揺れ、マーガレットは強い船酔いに苦しんだ。おまけに一一月鹿児島湾を通って北東に進んだところ、六日熊野灘で台風にぶつかった。三日間、暴風による沈没の危険に直面しながら、一八六一（文久元）年一一月一一日夕方やっと神奈川に上陸した。そして、長老派のヘボン夫妻、ブラウン家族とキャロライン・エイドリアンス、バプテストのゴーブル夫妻と娘ドーラ（ドリンダ）らが住む成仏寺に落ち着いた。ヘボンは妻が同年八月から帰米中であったが、本堂で一緒に住むよう勧めてくれ、夫妻は喜んで好意に応じた。翌年六月長女キャリー・エリザベスが、医者であるヘボンの介助で誕生。九月ジェームズ三〇歳の誕生日に、赤子はこの仏教寺院でブラウンから幼児洗礼を受けた。

マーガレットは故国を出てから六か月の船旅、横浜入港までの航海日記、神奈川の成仏寺に着いた頃、その後の生活や宣教の日々を一八六六年まで、母国への詳細な手紙で残していた。それを人々の勧めで"Glimpses of Old Japan 1861-1866"(川久保とくお訳『古き日本の瞥見』有隣堂 一九九二年)として晩年に出版している。彼女が日本に来たのはまだ二一歳に満たない時であったが、成仏寺・神奈川からの手紙には、その若さには思えない優れた洞察力、見識、果敢な好奇心などが一貫しており、マーガレットが聡明で使命感にあふれる女性だったことが推察される。そこに描かれた日本の印象、日本文化の紹介、その中でのミッショナリーの自覚など、彼女の人物思想を知る上でも興味深い。特に、一八六二(文久二)年九月に「生麦事件」が起こり、同年攘夷運動が激しくなってからの身辺記録は、彼女の時代認識と共に歴史記述としても注目されるが、詳細は同書に譲るしかない。幕府は外国人の横浜移転を進め、ヘボンは移動やむなしと一二月に横浜居留地三九番に自宅を建てて引っ越した。ブラウン、バラらは、なお神奈川に留まり続けるが、一八六三年三月頃になると攘夷浪人が大挙して外国人を襲撃すると、幕府役人から強く退去を警告されるようになる。そして六月三日真夜中に始まる物々しい退去騒動の顛末など、五、六月の手紙も極めて興味深い。船で横浜に移されたが行く当てがないので数日ヘボン宅に厄介になり、その後は領事館（と言っても間に合わせの古い日本家屋）の間借り生活となった。成仏寺への帰還は許されず、八月一日になってブラウンと半々で横浜居留地一六七番の区画が与えられ、日本家屋にやっと落ち着くことができた。この地は後に「石の会堂」を建てて、バラが日本宣教の重要な基盤をつくる場所である。

横浜に落ち着いてから翌六四年五月、次女アンナ・ヘボンが生まれた。七月にはヘボンの肝いりでブラウン、バラ、タムソンが、運上所の役人・青年らに「英学所」で英語等を教えるようになる。他方、ヘボンの妻クララは、一八六三年三月末に一年七か月ぶりに帰浜したあと、秋から自宅で「ヘボン塾」を開いていた。ヘボンの一八六五（慶応元）年一〇月の手紙によると、その頃「英学所」が盛況でクララも授業を受け持ったので家塾は中止し、その生徒たちをバラ夫人が教えていると書いている。このことと結びつくと思われるが、バラの一八六五年一一月伝道局宛書簡で、マーガレットが「自分の部屋で日本人の生徒を数人教えている」と書いており、これが高橋是清が自伝で語る、鈴木知雄（是清とともに米国留学）と「毎日朝早くからバラー夫人の宅へ出掛けては稽古をした」と言うことであろう。この一一月の手紙は、矢野元隆の受洗を報告したものであるが、その報告の後、マーガレットが元隆の娘たち（姉はかつてエイドリアンスの生徒であった）を大事にしていること、今生徒数人を教えているが、できれば元隆の妻や娘らを中核に女学校を作りたいとの計画も伝えている。元隆の受洗は禁教下にあってバラにも思いがけない申し出であったが、結核を病む元隆を、食べ物など持参して神奈川へたびたび見舞ったバラ夫妻の心遣いと慰めが、彼や家族を動かしたともいえよう。

一八六六（慶応二）年三月、第三子出産のためマーガレットはキャリーとアンナを連れて故郷に帰る。一〇月長男ジェームズ・カーティスが誕生した。バラは横浜に居て、アメリカ領事館内のユニオン・チャーチ（外国人教会）の説教を分担しつつ、八月の第一日曜から自宅で日本人のための日本語礼拝を始めた。後の日本基督公会の源泉となる活動である。聴衆は一〇～一二名で、このうち何人かは九月に閉鎖される「英学所」の生徒であった。ところが一八六六年一一月二六日、授業中のバラが「横浜大火」に見舞われたのである。先の『高橋是清自伝』によれば、「隣に英国領事館の新築が出来掛かっておったが、その軒先に火がついたのでバラー夫人も驚いて、私等の帰る事を許した」とあるが、右のように夫人は帰米中で当時はジェームズが教えていた。マーガレットの帰国後生徒たちはいったんヘボン夫人の家塾に戻るが、一〇月夫妻が『和英語林集成』印刷のため上海に行き長期不在になる時から、彼らは再びバラ宅に通うようになったのである。この大火でバラは家とともにすべての家財を失った。家具・衣類・蔵書の他、四福音書・使徒行伝・創世記など、居留地に移ってから矢野元隆と漢訳聖書の和訳から始めた翻訳原稿も焼失した。

ヘボン施療所は類焼をまぬがれたので、夫妻が五月に戻るまでバラはそこに寄寓し、長老派のタムソンとともに日本人の日曜礼拝を継続し、週日の英語上級クラスも昼と夜に開いた。家を失い家族も呼び戻せない状況で単身バラは、それまで以上に伝道・教育・聖書翻訳にまい進する。一八六七年一〇月頃、横浜居留地一六七番を教会用に確保しつつ、山手居留地四八番に自宅用の土地を購入した。一八六八（明治元）年そこに家を建て、横浜居留地一六七番にゴーブルの設計で小会堂を建築するまで漕ぎつけた。一八六九年初頭やっと合衆国に向け出航し二月ニューヨーク着。米国で仕事と休暇の一年八か月を過ごし（「ミッション・ホーム」設立の呼びかけなど）、一八七〇（明治三）年一〇月家族を伴って出発、一一月横浜に戻ってきたのである。

一八七一（明治四）年八月には山手居留地四八番のバラの家で、アメリカン・ミッション・ホームが開設された（翌年一〇月山手居留地二一二番へ移転）。横浜居留地一六七番の石造りの小会堂はユニオン・チャーチの礼拝に使用した。バラは週日の昼間そこで英語クラス（バラ塾）を開いた。英語教室とはいえ、以前の日本語礼拝をドッキングさせて、聖書の解説と祈りによって授業を始めるもので、この生徒たちの中から一八七二年二月、石の会堂での祈祷集会が始まり、禁教下の三月一〇日、日本基督公会―日本最初のプロテスタント教会の設立を見るのである。日本人牧師が生まれるまでバラは仮牧師として働き、一八七五（明治八）年七月には私財を捧げ新会堂も建立した。その間の一八七四年四月、マーガレットは第四子の出産を控え医師シモンズの勧めで帰米し、一八七六年初め日本に戻った。帰国後もユニオン・チャーチのかたわら日本人教会の日曜学校を、神学生の助手として運営を手伝っている。バラは一八七八（明治一一）年に教会を日本人牧師に委ねて退く。同年自宅に「先志学校」を開校するが、一家の休暇帰米やブラウン家族の帰国などがあり、翌七九年秋には一時休止状態となる。晩秋に帰日したバラ夫妻は自宅を改造するなどして一八八〇（明治一三）年一月に再開した。一年半、二人は数名の寄宿生を含む二〇数名を懸命に指導したが、一八八一年一〇月からは教育の専門家ワイコフに委ね、伝道活動に専念するようになる。バラは広範囲に及ぶ日本の地方開拓伝道にも従事、マーガレットは彼を支えつつ自身は主に地元の教会活動に奉仕した。

前掲『古き日本の瞥見』（原書）が横浜で出版されたのは一九〇八（明治四一）年である。「敬愛するヘボン博士に」と題する献辞に「一九〇八年二月一四日」の日付がある。それから約一年後、一九〇九年三月一六日マーガレット・キニア・バラは六八歳で他界した。横浜外国人墓地にある彼女の墓碑には、「ジェームズ・H・バラ師の妻であり日本への開拓的宣教師」と記されている。まさにバラと共通の宣教師の使命感を持って走り抜いた生涯であった。

（鈴木美南子）

ジェーン・H・G・ルーミス

Loomis, Jane Herring Greene 1845 - 1920

◇「地の塩・世の光」の生涯

ジェーン・H・G・ルーミスは一八四五年六月一四日、父デビッド・グリーン（Greene,

David)、母メアリー・エバーツ・グリーン（Greene, Mary Evarts）の一二人の子供の一〇番目の子として、米国マサチューセッツ州ロックスベリーで生まれた。父は当時アメリカン・ボード（American Board of Commissioners for Foreign Missions）の幹事の要職にあった。母は、著名な作家、弁護士でアメリカン・ボードの首席幹事を二一年間務めたジェレマイヤ・エバーツ（Evarts, Jeremiah）の長女で、彼女の祖父にはアメリカ独立宣言およびアメリカ合衆国憲法に署名したロジャー・シャーマン（Sherman, Roger）、弟には合衆国第二七代国務長官を務めたウィリアム・M・エバーツ（Evarts, William M.）などがいて、その生家は名門であった。

ジェーンが四歳の時、父は健康を害しアメリカン・ボードを辞して、同じマサチューセッツ州のウエストボローに移り農業に従事した。ところが翌年一〇月、母のメアリーが男子出産後すぐに亡くなったため、幼い子供たちは一時親戚等に分散して預けられた。一八五二年に父はバーモント州ウインザーに転居し、子供たちを呼び寄せ再び一家で暮らし始めた。当時のグリーン家は「毎日、朝夕に聖書が読まれ、祈りが献げられるのが習わしであった。日曜日には二度の礼拝に出席し、午後には家族全員がウエストミンスター小教理問答を学ん」(1)でいた。ジェーンのすぐ上の兄のダニエル・クロスビー（Greene, Daniel Crosby 1843-1913）は、こうした家庭で育ち、後年アメリカン・ボード派遣の最初の来日宣教師となり、日本の伝道に大きな功績を残すことになる。

▼ヘンリー・ルーミスとの出会い

　今のところジェーンの成長過程や教育歴は調査しきれていないが、一八六〇年代後半にはニューヨーク州オーバン近郊のオワスコ・アウトレットの学校で教師として働き、ラテン語と数学を教えていた。この学校はアメリカ・オランダ改革教会の宣教師として一八五九（安政六）年に来日したS・R・ブラウンが創立したもので、校長ブラウンの影響で同校の教師であったエイドリアンス（Adriance, Caroline 一八五九年来日）、マニオン（Manion, Maria フルベッキ夫人として一八五九年来日）およびキダー（Kidder, Mary Eddy 一八六九年来日）らが女性宣教師や宣教師夫人となって日本に向かい、ジェーンの同僚であったヘケンボーグ（Hequembourg, S.K.M.）も一八七二（明治五）年一〇月に来日している。

　一八七一年のある日ジェーンはオーバンに住む姉のサラを訪ねた時、この家でニューヨーク州ジェーンズビルの教会で牧師をしながら海外伝道を志していたヘンリー・ルーミスと出会った。ヘンリーはハミルトン大学在学中に南北戦争に北軍義勇兵として加わり戦闘で頭部を負傷しながらも戦功を挙げ、陸軍大尉に昇任した経歴を持っていた。ジェーンのすぐ上の兄ダニエルが、ダートマス騎兵隊に志願し首都ワシントンの防衛に従軍した経験を持っていたことやダニエルが当時宣教師として日本の伝道に従事していることなど、二人の間には共通の話題と関心があり、お互いに好意を覚え同年秋に婚約に至った。ジェーン二六歳、ヘンリー三二歳であった。

　ヘンリーはジェーンズビルの教会を辞任し、かつて奉職していたニューヨーク市のアメリカ長老教会海外伝道局に再び勤め、翌一八七二年初めに日本派遣の宣教師の機会を得て、同年三月ジェーンと結婚式を挙げ、四月末にアメリカを発って五月二四日、横浜に到着した。

当時、「切支丹禁制の高札」はまだ存在していたが、ルーミス夫妻が来日する数か月前に、アメリカ・オランダ改革教会宣教師のJ・H・バラが指導するバイブル・クラスの青年一一名によって、日本で最初の日本人プロテスタント教会となる「日本基督公会」(現横浜海岸教会)が創立され、日本におけるプロテスタント教会設立の萌芽期を迎えていた。ルーミスは早速「ミセス・ヘボンの学校」(ヘボン塾)の生徒二〇名余りに英語および聖書の講義を始め、ジェーンも同校の授業を手伝って青年たちに讃美歌やオルガン演奏の手ほどきを行った。ルーミス夫妻は讃美歌の普及と指導に情熱を抱いていた。

一八七三(明治六)年二月二四日、明治政府は「切支丹禁制の高札」を撤去し、キリスト教を黙認とした。その結果、欧米の多数の教派が一斉に日本に宣教師を送り、それまで育ちつつあった日本における超教派主義に基づく教会設立の理念が揺らぎ、各教派による自派教会設立の機運が高まった。これを受けてアメリカ長老教会在日ミッションは本国海外伝道局の指示のもと、同年一二月三〇日に日本長老公会を立ち上げた。ルーミス夫妻は一八七四(明治七)五月初めに長女ルイズを得、(2)六月一日にはジェーンの兄のダニエルが新約聖書の共同訳の翻訳編纂委員となって、妻のメアリーと三人の幼子とともに神戸から横浜に引っ越してきた。ルーミス夫妻の周囲は俄かに賑やかになり、ジェーンには心強い援軍となった。

ヘンリーはこの年六月に後に牧師になった奥野昌綱《まさつな》の協力を得て讃美歌集『教えの歌』を出版した。ルーミス夫妻はミセス・ヘボンの学校の青年たちに讃美歌を教え、ジェーンは生徒の角谷省吾という一七歳の少年にオルガンの弾き方を熱心に指導した。七月五日には上級クラスの青年一〇名がヘンリーから洗礼を受け、九月一三日には更に数名があらたに受洗し、他教派からの受洗者も加わり、合計一八名の信徒によって日本長老公会傘下の最初の教会として、横浜第一長老公会（現在の横浜指路教会）が創立され、ヘンリーが初代仮牧師に就任した。

ヘンリーは一八七五（明治八）年の年頭から、かつて南北戦争で受けた頭部の古傷が後遺症として現れ、激しい頭痛に悩まされるようになった。幸いその後痛みも和らぎ元気を取り戻し、主日礼拝には一〇〇人を前に説教し、また千葉県木更津にまで出掛け地方伝道にも力を入れていた。七月一九日にはジェーンが第二子の長男を産み、公私に充実した日々を送るようになった。ところが、一八七六年の春になるとヘンリーは再び頭痛が激しくなり仕事を続けられない状態となって、ジェーンとも話し合った結果、四年間の伝道活動に終止符を打って本国に帰る決心をした。長女二歳弱、長男九か月の二人の幼子とともにルーミス夫妻は、四月二六日カリフォルニア州ヒールズバーグに向けて横浜港を後にした。

ヘンリーは宣教師辞任とともに失業状態になったが、海外伝道局に一年間の給与の貸与を願い出て、その間に日本の柿の苗木の輸入育成、販売を始めて生活の糧とした。当初は経費もかかり利益が出なかったが、その後かなり成功し海外伝道局からの給与を使わずに済むようになり、住まいもヒールズバーグの伝道局住宅からサンフランシスコに近いサンラファエルに自宅を建てて移った。一八七七年一〇月一四日、この地で二女のクララが生まれた。(3)

やがて、夫妻は再び日本へ宣教師として復帰することを願うようになったが、中々その機会は訪れなかった。ところが、アメリカ聖書協会の日本支局横浜支配人の話を得て、一八八一（明治一四）年七月、一家は再来日を果たした。ヘンリーはルーサー・ギューリック（Gulick, Luther H. 1828-1891）の後を受け二代目支配人として横浜居留地四二番に日本聖書館を開設した。のちに朝鮮聖書協会支配人も兼務し、王廷史官の李《イ》樹《ス》廷《ジョン》に漢訳聖書のハングル訳を勧めた。

ルーミス家の人びと　ジェーン・ヘリングと夫ルーミス、子供たちと孫（共立）

ジェーンも一八八五（明治一八）年に女性の教養団体である横浜リーディング・サークルの設立時に初代会長に選任され、キリスト教界以外でも奉仕活動に活躍した。ルーミス夫妻は横浜で二人の息子を得て、子供たちは合計六人を数えたが、一八八七年に生まれた末っ子のロジャー・シャーマン・ルーミスは、ヨーロッパ中世文学、特にアーサー王研究の大家となった。(4)二女のクララは一九〇一（明治三四）年にアメリカでの教育を終えてＷＵＭＳの宣教師になって、共立女学校（現横浜共立学園）の校長として横浜に戻ってきた。

一九一二（明治四五）年五月二四日、ルーミス夫妻来日四〇周年に際して指路教会、アメリカ聖書協会および村岡平吉経営の福音印刷合資会社の協力で記念会が開かれ、関係者一六〇人が集まり、ヘンリーおよびジェーンを祝福した。(5) ヘンリーは一九一五年に長年の聖書協会での働きが評価されて、母校のハミルトン大学から神学博士の学位を受領した。

一九二〇(大正九)年四月二九日、予期せずジェーンは突然主に召された。七四歳一〇か月であった。五月一日午後三時から横浜ユニオン教会で葬儀が行われた。そして、同年八月二八日、ヘンリーも急に体調を崩しジェーンを追うように召天した。享年八一歳であった。ジェーンの伝道活動は決して目立つものではなかったが、日本の伝道のため夫のヘンリーを助け、子を育て、それは「地の塩・世の光」の生涯であった。ルーミス夫妻は横浜外国人墓地に眠っている。

（中島耕二）

【注】

（1）茂義樹『明治初期神戸伝道とD・C・グリーン』新教出版社　一九八六年 五～六頁。

（2）ルーミス夫妻は長男ロバートを一八七二年一二月に生後四か月で失っている。長女ルイズ・ロープス(Loomis, Louise Ropes 1874-1958)は横浜で生まれ、ウェズリー女子大学からコロンビア大学大学院に学び修士および博士号を取得し、コーネル大学のほかアメリカ各地の大学教授としてギリシャ語と古代歴史を教えた。生涯独身を通した。"Woman's who's who of America," 1914-15. p495.

（3）クララ・デニソン（Loomis, Clara Denison 1877-1968）はカリフォルニア州で生まれ、横浜で育ちスミス女子大学からコロンビア大学を卒業し、隣接のユニオン神学校で修士号を得て、二四歳の若さで横浜共立女学校の第四代校長に就任し三五年間務めた。

（4）ロジャー・シャーマン（Loomis, Roger Sherman 1887-1966）は横浜で生まれ、ウイリアムズ大学からハーバード大学大学院に学び、多くの研究成果によって世界各国の大学から栄誉学位を受領した。一九一九年から一九五八年までコロンビア大学で教鞭を取り、オックスフォード大学の学外教授も務めた。Genealogy Directory, Geni.com

（5）岡部一興「東洋の友ヘンリー・ルーミス」『外人墓地に眠る人びと―日本の土となった初代宣教師の働き―』所収　キリスト新聞社　一九八八年　八九～九〇頁。

第三章
ミッション・スクール

アイザック・フェリス女学校　（開港資）

《女性宣教師とミッション・スクール》

アメリカの海外伝道の一翼を担ったのは、他ならぬ教会の女性たちであった。一般的に男性より女性の方が教会生活に熱心であるといわれる。アメリカで女性が参政権を得たのは、第一次世界大戦後のことであった。南北戦争前と以後では女性の地位や働き方が相違し、基本的には諸権利の外に置かれていた。女性たちは教会の奉仕活動を通じて自分らしさを発揮し、社会に自分たちの主張を発信した。彼女らは、献金を熱心に奉げ、それが海外伝道の重要な資金源となった。海外伝道をめざす女性たちは、同じ意志を持つ男性と現地に赴き、「準宣教師」として働いた。

宣教師夫人は英語塾を開き、家事をこなし夫の伝道を助け、現地の女性とコンタクトを取るなどの働きをした。当時女性宣教師は、牧師になる道は閉ざされていたので女性が力を発揮できるのは、英語教育や音楽教育などを通して自らが体験した福音の喜びを伝えることにあった。その場合、宣教師夫人より独身女性の方がより専門的な分野で活躍できることから高等教育を受けた多くの女性宣教師がミッション・スクールで働いた。彼女らは、日本社会に認められる学校にするにはどうしたらよいかに心を砕き、同時に新しい女性の生き方を示し、日本の教育にインパクトを与えた。横浜ではフェリス女学院、横浜共立学園、捜真学院、横浜英和学院、横浜雙葉学園として歴史に名を留め、宣教師たちは命をかけて学校を運営し、今日伝統ある女学校として高い評価を受けている。

（岡部一興）

▼第一節▲ミッション・スクールの創立者たち

メアリー・E・（キダー）ミラー

Miller, Mary Eddy (Kidder) 1834 - 1910

◇フェリス女学院の創立と四〇年を超える日本伝道

（フェリス）

メアリー・E・キダーは一八三四年一月三一日、米国バーモント州ワーズボロの堅実な自営農家、七人兄弟姉妹の四番目に生まれた。ピューリタンの子孫であるキダー家は代々信仰篤い教育熱心な家で、父の兄弟のうち四人が大学で学び、一人は神学校にも進んで、みな牧師になっている。メアリーは二つ上の兄と快活に外遊びする一方、勉強や読書が好きな少女であった。海外宣教への関心は、母が定期購読していたアメリカン・ボードの雑誌『ミッショナリー・ヘラルド』を拾い読みしていたことや、ワーズボロから海外宣教に出る人がいたことによる。地元の小学校を終えた後、ワーズボロを離れてタウンシェンド・アカデミーで中等教育を受けた。さらに北東に離れたサックストンズ・リヴァー・セミナリーに一時学んだあと、一八五五年二一歳の時、マサチューセッツ州のモンソン・アカデミーに進学した。同校は有名な卒業生を多数出している名門校の一つであったが、海外伝道にも深い係わりを持ち、その関係で外国からの留学生も少なくなかった。S・R・ブラウンも一八二〇年代に同校で学び、後に中国人や日本人を送り込んでいる。メアリーは女子古典部に在籍しつつ女子英語部で助手として教える経験を持っただけでなく、中国から帰国しニューヨーク州で教育・牧会に従事していたブラウンと出会うことになった。同アカデミーを修了したメアリー・キダーはブラウンに招かれ、彼が経営するスプリングサイドの男子校の教師となり、またブラウンが牧するオランダ改革派サンド・ビーチ教会の会員となった。

一八五九（安政六）年に日本が開港し欧米人の往来が可能になった時、ブラウンは同オランダ改革派伝道局から日本宣教に派遣されることになった。この時、サンド・ビーチ教会から志願して同行、日本に向かったのは、フルベッキの妻となったマリア・マニオンと独身のキャロライン・エイドリアンスであった。キダーは家庭の事情で断念せざるを得ず、次の機会を期して一行七人をニューヨーク港に見送った。その後キダーはニュージャージー州オレンジの女学校などを経て、一八六二年からブルックリンの「ミス・ラニーの学校」等で教えることになった。ラニーはモンソン・アカデミー女子英語部の教師だった人である。キダーは教育で生計を立てる一方、教会の慈善活動や日曜学校運動にも熱心であった。海外伝道に向かう日が巡ってくるまで、彼女は健康に恵まれ、女子教育と地域宣教を天職として楽しく働いていた。やがてS・R・ブラウンが一時帰国する機会があり、日本で女子教育を通じて宣教に従事するよう勧めたのである。キリシタン禁制下とはいえ、維新後日本の西欧文明志向は強く、宣教師にも英学教授の要請は少なくなかった。ブラウンの長女ジュリアの夫ジョン・ラウダーが、一八六八年新潟のイギリス領事代理となり、彼の斡旋で一八六九（明治二）年ブラウンは、官立新潟英学校の監督・教授を依頼され、赴任することになった。七月、ブラウン夫妻とキダーは完成したばかりの大陸横断鉄道でニューヨークを発ち八月、日本に到着した。新潟行きの準備が整うまで横浜に留まり、一〇月になって北国街道を北上する旅に出た。九人の侍（役人）の護衛付きで駕籠に乗り、総勢五〇人で品川、熊谷、高崎、長野を経由し到着するまで一八日間の旅については、後にメアリーが『ジャパン・エバンジェリスト』誌に寄稿した回想に興味深く描かれている。新潟でキダーは日本語を学びつつ、女生徒数人に英語を教え始めた。その一人が上田悌子（上田敏の叔母）で、一八七一年アメリカに派遣された最初の女子留学生の一人である。

三年の契約であったが一八七〇（明治三）年六月末、ブラウンに横浜の英学校の責任を持つよう日本政府から依頼がきた。ラウダーはすでに領事として横浜に異動していた。ブラウンとしても「聖書翻訳」事業など様々な意味で好都合であったので、七月に横浜に戻り、九月から修文館では校長格で英語を教えることになった。キダーは丁度その頃、自分に代わる教師を求めていたクララ・ヘボンから私塾を引き継いだ。その夏八月一日に長老派宣教師コーンズ一家が築地から乗った蒸気船が爆発事故を起こし、唯一人助かった生後三か月足らずの男子ハリーをヘボン夫妻が預かる事になり、横浜で仕事を始めようとしていたキダーにクラスを託したのである。一八七一年、遺児の養育から離れた後もヘボン夫妻は一一月以降、『和英語林集成』第二版印刷のため上海に長期出張したので、キダーは事実上この塾を自分の学校として育てることになった。それゆえ一八七〇年九月キダーによるヘボン邸での授業開始を、フェリス女学院は学校創立の起点としている。当初は女子三名と男子四名であったが、キダーは女子を積極的に増やし、一年後に男子を他の教師に委ね、一八七一年九月からは予て希望の通り一二人の女子だけのクラスにした。キダーはこの頃から在留外国人子弟の日曜学校も担当し、自分の学校の生徒もこれに参加させている。ブラウンの一八七二（明治五）年六月の手紙にキダーが「ユニオン・チャーチの日曜学校の校長をしています。六〇名以上も生徒がいて、その中に、ミス・キダーの学校の生徒が一二人以上も加わっています」とある。当時、ユニオン・チャーチ・日曜学校は「石の会堂」で行われていた。キダーの学校の生徒は、同七二年六月には二八名（八歳～一七歳）となって、キダーは一人で多忙を極めるとともに、七月にはヘボン夫妻が上海から帰浜し施療所も再開されることから、夏のうちに新しい校舎も探さねばならなかった。

幸い当時の権令（県知事代理）大江卓が支援を申し出て、伊勢山の新しい県官舎の一棟を学校用に提供し、机、いす、黒板などの校具も整えてくれた。一八七三（明治六）年頃、生徒は五〇人を超え、教員はキダーの他に、伝道局から新たに派遣されたヘケンボーグ、イギリス留学から帰ったブラウンの次女ハリエット、そして新潟英学校→修文館→ブラウン塾と、ブラウンに師事してきた真木重遠も訳読を担当するなど、教師陣・内容等も整ってきた。

一八七三年七月、メアリーは長老派宣教師E・ローセイ・ミラー（Miller, Edward Rotheasy 1843-1915 一八七二年六月来日）と結婚した。この時ローセイはメアリーの仕事を尊重し通例とは逆に、自分が長老派からの給与を返上して自給宣教師となり、改革派事業に協力することにしたのである（一八七四年一〇月長老ミッション退会、翌年夏改革派ミッション加入）。彼らがどのような学校運営をしたのか詳しい様子は学校史等の記述に譲るが、この後メアリーでしかできなかった仕事は、山手居留地一七八番に寄宿舎付きの本格的な校舎を建築することであった。眺望の良い三八〇五平方メートルの土地を、県令中島信行の仲介で日本政府から貸与され、建築資金五〇〇〇ドルは米国の教会・日曜学校に訴えて献金を募り、不足分五〇〇ドルはローセイ個人が負担して、一八七五（明治八）年五月に完成した。

休む間もない一〇年近い働きで、ついに健康を害したメアリーは一八七九（明治一二）年五月、学校をエマ・ウィトベック（一八七五年着任）とハリエット・ウィン（「先志学校」中止後、七九年九月着任）に任せ、夫妻で帰米した。一八八一（明治一四）年四月、二年ぶりに日本に戻ったが、メアリーは学校の運営をウィトベックとウィンに委ねることを決断し、ローセイと共に直接伝道に転身する。東京に居を移し、一八八二年一月には、二つの教会で婦人の集会を開き、麹町教会で日曜午前と午後二つの日曜学校を教え、月一回フェリス卒業生の親睦会を開いており、また女性と子供向けの小月刊誌『喜《よろこび》の音《おとづれ》』の編集を始めたと手紙に書いている。これは一八七六（明治九）年ソフィア・B・マクニールと日本人助手によって始められた児童用キリスト教誌で、八二年二月号からメアリーが担当することになったのである。やがて幼児向け別冊『小《ちいさ》き音《おとづれ》』も発行するようになり、一八八四（明治一七）年一月の手紙で前者は三三〇〇部、後者は一三〇〇部を発行しており、この仕事には牧師三浦徹の協力が大きかった。

　一八八五（明治一八）年と八六年にメアリーは東京での仕事を抱えながら、ローセイが一八八四年から取り組んでいた高知での開拓伝道に同行、各数か月滞在し婦人の集会を組織するなど働いた。一八八五年五月にミラーを仮牧師に片岡健吉を長老として高知教会が創立されたのである。高知は有望な伝道地であったが夏の暑さに弱り、やがてミラー夫妻は牧師押川方義《まさよし》の依頼もあって、むしろ冬の寒さが厳しい盛岡を長期の伝道地として選んだ。居心地の良い東京の家をたたみ、一八八八（明治二一）年三月夫妻は三浦徹一家と共に赴任した。盛岡でのメアリーの仕事は、一八八九年の手紙によると、一週のうち二か所で英語を教え（パスポートのため）、木曜午後自宅で婦人集会、日曜礼拝後に婦人聖書研究会、その後子供や青年たちの日曜学校などである。雑誌も三浦徹と盛岡で準備をして原稿を東京の印刷所へ送り、三浦夫人が配送の任に当たった。約三〇〇〇部以上が全国の教会・日曜学校で予約購読された。

　東北伝道も軌道に乗った一八九二年から翌年まで夫妻は定期休暇で帰米、一八九三（明治二六）年盛岡に戻るや、米国で集めた献金をもとに会堂と牧師館の建築に取りかかった。ミラー夫妻の多額の寄付と会員たちの協力で一八九五年一月に竣工した（現下ノ橋教会）。ミラー夫妻の意匠になる会堂は、聖壇に向かって主要聴衆室両側の一フィート高い位置に、ふすまと障子で仕切られた開閉自在の七つの畳部屋が造られた。これは日曜学校分級用で、ミラー夫人は教師たちを束ねて指導する方法で、極めて効果的に活発な日曜学校を運営していた。ミラーらは盛岡を拠点に花巻・一関や、青森、信州、北海道にもしばしば伝道旅行をし、夫人は岩手の基督教婦人《ふじん》嬌《きょう》風会《ふうかい》活動にも尽力した。一八九九（明治三二）年も例年通りの活発な活動報告があるが、転機が来るのが一九〇〇年である。メアリーが乳癌のため四月から東京に行き、五月聖路加病院で、著名なドイツ人外科医スクリーバ博士の手術を受けた。手術は完全に成功して元気を取り戻し六月には盛岡に戻ったが、九月に三浦牧師が妻りうの肺疾療養のため三島に転任することになった。一八九九年四月にハリス宣教師夫妻が来任し、盛岡を拠点に一関や青森の伝道に従事するようになったので、メアリーの健康の事もあり夫妻は一九〇二（明治三五）年四月、ついに一八八八（明治二一）年以来一四年間の盛岡生活を後にしたのである。

東京でも二誌の発行は三浦徹の協力で続けられ、ローセイが一九〇三（明治三六）年一月一日に伝道局に送った報告書では、『喜の音』が三一〇〇部、『小き音』が四五〇〇部で、それぞれ月に二回発行されていると言う。一九〇四年春から休暇帰米、一九〇五（明治三八）年秋来日。その後しばらくしてメアリーに癌の再発が見つかったが、心臓に近すぎて手術ができず、一九〇九年に入ってレントゲン治療を続けた。四月頃から患部の強い痛みに苦しむようになり「死の始まり」を自覚するようになるが、一〇月の「開教五〇年記念会」に列席し、日本女子教育の先駆者として栄誉を受けている。一九一〇（明治四三）年六月二五日、麹町の自宅で息を引き取った。七六歳、四一年のミッショナリーの生涯であった。葬儀は富士見町教会で行われ、東京染井墓地に葬られたが、後年フェリス卒業生の希望で横浜山手の外国人墓地に移された。（鈴木美南子）

【参考文献】
小檜山ルイ『アメリカ婦人宣教師』東京大学出版会　一九九二年

プライン、ピアソン、クロスビーの来日

米国婦人一致外国伝道協会（ＷＵＭＳ）は、一八六一年ニューヨーク市で設立されたアメリカ最初の女性外国伝道会である。男性宣教師が近寄れないアジア地域の女性に伝道するために女性宣教師を派遣することを目的としたこの会にはプロテスタント六教派の教会に所属する女性が超教派で参加し運営に当たった。

南北戦争が勃発したこの年、男性不在の社会における女性の生き方にも変革が起った。雑誌編集者、奴隷解放運動家など時代を先駆ける女性の参加もあった。女性が発言力を増し、自由を得、自立する機運の中での「女性のための女性のミッション」の発足は追い風を受けたが、資金集め

は容易ではなかった。しかし同志の熱意は実り、発足した年の一一月最初の宣教地をビルマに開設し宣教師を派遣した。次いで一八六三年インド、一八六九年中国と宣教地を拡げ、一八七一（明治四）年日本の横浜に宣教地を開設することになり、プライン、ピアソン、クロスビーの三人を派遣した。

（安部純子）

メアリー・P・プライン

Pruyn, Mary Putnam　1820 - 1885

◇横浜宣教地の責任者・初代総理

（BG）

プラインは一八二〇年三月三一日父イライシャ・パトナム、母エステル・ジョンソンの一一番目の末っ子として米国ニューヨーク州オルバニーで誕生した。曽祖父は独立戦争時の功績により将軍に任じられ、後にコネティカット州議会議員を務めた。祖父の代からオルバニーに住み、父親は第一長老教会の長老を務めていた。プラインも一二歳になるとこの教会で信仰告白をした。父親の事業の失敗から家は経済的に豊かでなかったため充分な学校教育を受けることはなかった。しかし家庭と教会生活で培われた信仰心は、聖書がいかなる組織的学問よりも力になり、神は求めに応じて道を示してくださるという確信を抱いていた。

一八歳の八月サムエル・プラインと結婚した。サムエルは三八歳、オルバニーの名門プライン一族の一人で銀行家、社会事業にも熱心に関わっていた。病死した妻との間の子供五人を連れての再婚であった。やがて自分たちの子供も八人誕生したが、病気や事故で四人は幼児期に亡くなり、成人した子供の一人も南北戦争で戦死した。

四二歳で夫に先立たれたプラインは残された年月を奉仕活動に捧げる決心をした。結婚後所属したオルバニー第二改革派教会は一八五一年町の新興ビジネス地域の宗教的ホームとして建てられ、婦人会は活発に活動していた。プラインも数々の奉仕活動に参加し、中心的な役割を果たしていた。中でも特に力を注いだ奉仕の一つは聖書研究会主宰である。同じ教会員のケイト・M・ヤングマン（Youngman, Kate M. 1841-1910）はプラインの熱心な指導を受け聖書を深く理解することが出来たと述懐し、プラインの人格からも感化を受けて、一八七三（明治六）年宣教師として来日した。ハンセン病患者を救済する好善社の働きでも知られている。

もう一つは、二つのインダストリアルスクール（職業訓練校）の設立と運営である。“Albany Hand Book 1881”によると、ここでは職業訓練の他に、道徳教育、基礎学問の教育も行われ、生徒数は二四二であった。活動資金は有志の寄付によるものであった。

一八六九（明治二）年横浜で働く宣教師J・H・バラが一時帰国の折プラインを訪ねた。バラはラトガース大学出身で、夫サムエルと同窓であり、第二代駐日アメリカ公使を務めた一族のR・H・プラインとも横浜で面識があったものと思われる。バラは開港地横浜で増加する混血児のことが問題となっていて、子供たちを集めて施設をつくり、養育にあたる責任者を探していることを告げた。最適の人物であると判断した上のことであろう。プラインは現在担っている活動の責任の重さを考え躊躇したが、祈りの中にこれこそ神が命じている自分の務めであると悟り決断した。副支部長を務めるWUMSに諮ると支部長で親友でもあるR・W・クラーク牧師夫人はプラインの現在の責任を全て引き受け、新しい横浜での働きも精神的、経済的に支援することを固く約束してくれた。WUMS理事会は横浜に宣教地を設け、事業を開始することを決議し、プラインと同行する二人、ピアソンとクロスビーを選任した。一八七一（明治四）年五月、三人は日本へ向けて出発した。この時プラインは五一歳、既に三人の孫がいた。

▼グランドママの手紙

プラインは著書〝Grandmamma's Letters from Japan〟（以下『手紙』）を残している。日本滞在中に三人の孫や日曜学校、インダストリアルスクールの子供たちに書き送った手紙の中から二九通を回収して手を加え出版した本である。どの手紙も平易な文章ながら鋭い観察力で見た周囲の事物、異文化に対する率直な感想が綴られており、草創期のホームとその時代の日本を知る上での貴重な歴史資料である。その中から主な事柄を見て行くことにしたい。

開設したばかりのホームで暮らした子供の何人かは英語の名前を持っていた。中でもエディー、アニー、ミニー、チャーリーは亡くなった実子と同じ名前で、プラインは子供たちが再び自分のふところへ戻ってきたと喜んでいる。

ホームには新しい知識を学びたいと青年男女が大勢訪れるようになり、通学生として受け入れることになった。その数も増え、最初の家は手狭になったため、翌一八七二（明治五）年秋、山手居留地二一二番に広い土地を購入し校舎を建てた。これを機会に経営方針を女子教育専門の学校とすることに決め、校名を日本婦女英学校、更に一八七五（明治八）年共立女学校と改称した。なお混血児養育も女子のみに限定し、一八九一（明治二四）年職業訓練を目的とするインダストリアルスクールに移し、全員が自立するのを見届けて一八九二年閉鎖する。

ホームがキリスト教伝道のセンターとなることを願っていたプラインは、開設直後の一八七一（明治四）年秋から日曜日と水曜日の夕方祈祷会を開いたことが『手紙』の中に記されている。特定の教派に属さない超教派の性格であったため、居留外国人、船員等が自由に参加し、その数も増え、日本人も集まるようになった。W・E・グリフィス（福井藩明新館教師として招聘され、その後に東京開成学校で教える）は一八七二年二月この祈祷会に出席して、紳士淑女に交じってイギリス・アメリカの軍人が二〇人以上もおり、日本人はバラの説教に熱心に耳を傾けていたと、盛況であった様子を姉マーガレット宛の手紙に記している。

『手紙』はJ・H・バラ、日本基督公会初代長老の小川義綏《おがわよしやす》夫妻と千葉へ旅行したことを書いている。船で湾を横切り、カゴに揺られて内陸に入り、名主佐久間帯刀《たてわき》の屋敷で初めてキリスト教の伝道集会を開いた日の様子が詳細に綴られている。プラインが物事を注意深く観察し、事実を正確に描写していることは『太政類典』の考察からも立証することが出来る。

トーキチという名前は『手紙』の中に何回も登場する。静岡出身でホームで働きながら英語を学んでいた青年で、キリスト教を知り牧師になることを志す。プラインの要請に応じて学費の援助を申し出てくれたのは駐日公使を務めたR・H・プライン夫人とその妹の二人であった。この青年伊藤藤吉は東京一致神学校を卒業し、牧師となり横須賀、鹿児島、三島等で真摯な牧会を務めた。大坪正之助、杉山孫六など日本基督公会草創期の青年たちとの親しい交流もこの『手紙』の中から知ることが出来る。

残念なことにプラインは日本の気候が合わず健康を害しやむなく帰国することになった。日本に住む宣教師の母と慕われ、精神的な支えであったプラインは一八七五（明治八）年九月日本を離れた。

長老派教会宣教師ヘンリー・ルーミスはプラインを評し次のように述べている。

「ミセス・プラインが四年にわたり、その信仰心をもってした働きは、S・R・ブラウン博士の一三年に及ぶ知識による働きよりも霊的には日本のためにより大きなものであったと私は信じる。」（一八七五・九・九付書簡）

歴史書の中に女性宣教師の働きを見出すことが少ないこの時代にあって、一男性宣教師によるこの一文はプラインの働きがいかに傑出していたかを物語るものである。

帰国後も日本伝道のために様々な活動を続けていたが、一八八二年懇望されて再び宣教師として中国上海へ赴く。WUMSの中国宣教地は北京であったが、ミセス・ブリッジマンの遺言により上海の女学校経営を引き継ぐことになり、上海へ拠点を移した。プラインは経験と手腕を発揮し、一八八三年ブリッジマンホームを完成させた。ここに女学校、寄宿舎、礼拝堂が建設され、医療事業も開始されることになった。しかし一八八四年プラインは脳溢血で倒れた。医師に付き添われて故郷オルバニーに到着し、翌年二月天に召された。六四歳であった。

「信仰篤く、見識高く、判断力に優れ、実行力に富み、恐れることを知らず、しかも心優しい女性であり、温かい母性愛に溢れる典型的なアメリカのクリスチャン女性であった」とデイリーユニオン紙は追悼の辞を掲載している。

プラインが横浜に築いたホームは自らを母親とし、訪れる人の誰をも温かくもてなし、ともに祈り、讃美する真の愛情に満ちたホームであった。

（安部純子）

【参考文献】

安部純子訳著『ヨコハマの女性宣教師――メアリー・P・プラインと「グランドママの手紙」』EXP　二〇〇〇年

ルイーズ・H・ピアソン

Pierson, Louise Henrietta 1832 - 1899

(BG)

◇熱烈な伝道者　共立女子神学校創立

ピアソンは一八三二年四月七日フランスから帰化したアメリカ人の父ルイ・H・トマとアメリカ人の母の第二子として米国ニューヨーク州で誕生した。父は教育者で両親ともに敬虔なクリスチャンであった。一七歳でピアソンと結婚した。三女一男に恵まれ平穏な家庭を築いていたが、二八歳のとき夫が死去し、四人の子供も次々に亡くなるという不幸に遇う。来日するまでは教員をし、文筆活動も行っていた。

創立者三人の中でもピアソンは一番早く日本語を習得し、六か月後には英語に日本語を交えて授業を行うようになっていた。教えた科目は英語のほか、文法、代数、修辞学、心理学、生理学、キリスト教史、古代史、現代史、バトラーの詩集で、この全科目を一人で教えた優秀な教師であったことをJ・H・バラが証言している。この全科目はニューヨーク州立師範学校のカタログと全く同じである。

ピアソンの来日前の履歴を知る資料は乏しく、師範学校卒業という事実を証明するものはない。

独立戦争後のアメリカでは社会が落ち着き、新国家建設の機運が高まると同時に、教育に関心が向けられ、公教育の必要性が唱えられた一八三〇年代に公立初等教育が始まると教師養成機関として修学期間二年の師範学校（ノーマル・スクール）が設立された。ピアソンの年齢から推して、こうした時代背景の中で、師範学校で充実した教育を受けた優秀な教師であったことに相違ない。

アメリカン・ミッション・ホームの初代校長に就任したピアソンの女子教育に対する理念は一八八三（明治一六）年大阪で開催されたプロテスタント宣教師会議で発表した"Distinctive Claims of Educational Works for Women"や九二年『女学雑誌』第三一八号に掲載された「教育卑見」の中から知ることが出来る。主張するところを以下に抄訳する。

「歴史上高名な女性に、文学の分野で紫式部、政治の分野で成功を収めた神功皇后がいるように、日本女性は優れた素質を持っているから欧米文明諸国で実証してきた女子教育を普及することは容易である。女性の妻、母、娘、教師という役割は重要である。母親が純粋、高尚な人間で学識があれば、子供を知的、道徳的に高めていくことができる。真理を見極める理性を養うための数学と科学が、そして外国の書物が読めるように外国語を学ぶことが必要である。音楽を学び、心のゆとりや優雅さを教養として身につけ、聖歌を歌い感動を人々に伝えるのも女性の天職である。女性が身体的、知的、霊的に調和の取れた成長をすることは偉大な創造主のみこころである。教育の最高目的はキリスト教教育によってのみ達成することができる。」

ピアソンは音楽にも造詣が深かった。ホームの祈祷会では奏楽を受け持ち、集会の前に讃美歌の歌唱指導もした。ヘンデル、ベートーヴェンから福音歌手で作曲家のサンキーの曲にも自作の歌詞をつけて生徒に歌わせた。伝道旅行に出かける折には携帯用ベビーオルガンを持参し讃美歌を歌い指導した。明治初期のキリスト教音楽史をまとめたアメリカン・ボード宣教師G・オルチンはピアソンの音楽活動を評価して「ピアソンはこの時代のどの宣教師よりも多くのことを成し遂げた」と記している。

しかしピアソンが最も力を注いだのは日本人伝道者を養成し霊的教育を行うことであった。日本人女性は家から出ないのを知って、自ら出向いて訪問伝道を開始した。一八八一（明治一四）年、同じ敷地（山手居留地二一二番）内に偕成《かいせい》伝道女学校（後の共立女子神学校）を開設して初代校長に就任した。後任が来日するまで女学校校長も兼務した。最初の学生は一三名、年齢も経験も様々であり教えるのに苦労した。学生を連れて市中を廻り伝道用パンフレットを配り、長期休暇の折には学生と各地へ伝道旅行に出かけた。行き先は箱根、御殿場から埼玉、千葉、群馬、信州、越後、福島、和歌山、大阪、四国、伊予宇和島に及んだ。神学校は発展して、一八九七（明治三〇）年と九八年の学生数は一三〇名（女学校生徒数八五名・九五名）、伝道基地は一五か所となった。ピアソンの播いた種子は大貫、粕壁（春日部）、和戸、古河、小俣、岩本、富士の地に伝道所或いは教会として結実した。

来日以来休暇は一日もとらず、天然痘に罹り一二日間病床についたとき以外授業を休むことなく伝道活動をないがしろにすることもなかった。そのため実際の年齢よりは年老いて見え、晩年には神経の病にも冒され、説教のときなど身体を椅子に固定しなければならない程であった。WUMS本部からも、帰国して充分休養をとるようにと再三説得されたが「時は充ち穫り手を待っているのです。時間がありません。」と答えるのが常であった。

一八九九（明治三二）年一一月二八日天に召された。六八歳であった。一一月三〇日共立女学校講堂で行われた葬儀の後、花輪で覆われた純白の柩は手押し車で山手の横浜外国人墓地まで運ばれた。神学校の卒業生、学生、女学校生徒は一輪の白菊を手にして後に続き、日本人牧師や教会員がその後を歩いた。葬列の人数の多さと秩序正しさはかってないことであったと『ジャパン・エバンジェリスト』は報じている。ピアソンの柩は外国人墓地の美しい一画である宣教師墓域の中に静かに埋葬された。翌日横浜ユニオン教会で英語によるメモリアルサービスが催され、多数の外国人が参列した。死去の直後、ピアソンの著書“A Quarter of a Century in the Island Empire or the Progress of a Mission in Japan”がメソジスト出版社より出版された。四半世紀に及ぶ日本滞在の回想と自作の詩を綴った内容である。

一九〇四（明治三七）年新築された共立女子神学校の講堂は創立者を記念して「ピアソン・チャペル」と命名された。

（安部純子）

参考文献は「メアリー・P・プライン」の項参照

ジュリア・N・クロスビー

Crosby, Julia Neilson　1833 - 1918

◇讃美歌「主われを愛す」を最初に日本語に訳す

（BG）

クロスビーは一八三三年七月三一日　父ウィリアム・クロスビー、母ジョセフィーヌの長女として米国ニューヨーク市で誕生した。父はラトガース大学のラテン語とギリシャ語の教授であり、ポーキプシーYMCA設立に尽力し初代会長を務めた。おじハワード・クロスビーはニューヨーク市第四長老派教会牧師で、ニューヨーク大学総長も務めている。父方、母方ともに独立戦争時の将軍の子孫で名門の家柄であった(1)。

母が南北戦争時、兵士のために衣類、食糧、医薬品等を調達する目的でポーキプシーに組織された"Woman's Relief Association"で会長として活動する間、ジュリアはセクレタリーとなり母を手伝い、またWUMSポーキプシー後援会の補助書記も務めていた(2)。

WUMS宣教師となり一八七一（明治四）年に来日した時、クロスビーは三八歳、独身であった。創立時のアメリカン・ミッション・ホームで会計・庶務を担当しているが、これにはアメリカ時代の経験が役立ったものであろう。当時女性は経済的観念が無いものとされ、女性が運営するＷＵＭＳでありながら会計は男性が担当し、その夫人が補助として名を連ねていた状況である。クロスビーが草創期のホームに関して、最初の校舎の建築費、修繕費など詳細な報告書を残していることは特筆に価する。

一八七二（明治五）年九月横浜で開かれた宣教師会議の席上、二曲の讃美歌の日本語訳が紹介された。一曲はゴーブル訳「良き土地あります」で、もう一曲はクロスビー訳の「主われを愛す」である。ホームの子供たちに日本語で讃美歌を歌わせたいと願い、クロスビーの個人的日本語教師であった大坪正之助の助けをかりて訳したものである。軽快なメロディーと分かりやすい歌詞で子供たちはもとより、大人にも愛唱され、ホームの祈祷会に出席する客を運んできた人力車の車夫までもメロディーを口ずさみながら町中を走ったとＷＵＭＳ資料にある。

一八七五（明治八）年プラインが健康を害して帰国した後、クロスビーは第二代総理に就いた。一八八二（明治一五）年五月三一日共立女学校最初の卒業式が挙行された日、三人の卒業生に手渡された卒業証書はクロスビーがデザインし、羊皮紙の上に手書きで制作したものであった。

総理として学校経営の責任を担いながら教壇に立ち、伝道活動も積極的に行った。一八九四（明治二七）年四月小笠原へ渡り、片桐やそ（卒業生、神学校教員）と共に六か月滞在し伝道に当たった。横浜へ戻ると、栃木県小俣へ出かけた。農業と養蚕が盛んなこの地方で、神学校卒業生と共に訪問伝道を始め、織物工場の女工たちにバイブル・クラスを開き、伝道所を開くまでに至った。

またクロスビーは食生活にも心を配った。プライン、ピアソンと一緒に山手居留地四〇番で乳牛一頭を飼育して自家用の牛乳を得ていた。医師D・B・シモンズと共に、日本人も牛乳を飲むよう指導奨励し、衛生指導も行っている。

一九一七（大正六）年一〇月、四六年間という長い年月を日本の女子教育に貢献したことを認められ、日本政府より藍綬褒章《らんじゅほうしょう》を授与された。その授賞式で「……私がこの栄誉に与ったのはただ二つの理由によります。第一に私は日本に来た最初の女性宣教師の一人であったこと。第二に神が私の愛する国で私の愛する仕事をこのように長く続けられるようお許しくださったことです。私はほんの少しのことしか出来ませんでした」と謙虚な人柄が思われる挨拶を述べている。

引退後は学校の近くに住み、特別行事の折などに学校へ出かけ、生徒たちに会うことを楽しみにしていたが、リューマチの発作がひどくなり日ごとに衰弱し、一九一八（大正七）年七月四日静かに天に召された。八四歳一一か月であった。共立女学校講堂と横浜ユニオン教会で行われた葬儀には多数の参列者があった。遺体は山手の横浜外国人墓地のピアソンの隣に埋葬された。

一九二一（大正一〇）年改装された女学校のチャペルはクロスビーを記念して「クロスビー・チャペル」と命名された。

（安部純子）

【注】

（1）Census of 1850 of the Town of Poughkeepsie - Dutchess County, New york

（2）Annual Report of the Woman's Relief Association of Poughkeepsie 1863

参考文献は「メアリー・P・プライン」の項参照

ハリエット・ゲルツルード・ブリテン

Brittan, Harriet Gertrude 1822 - 1897

（英和）

◇ガスリーの遺志を継ぎ、女学校開設

ブリテンは米国において「婦人外国宣教師のパイオニア」と称賛された人物である。その出自には謎も多いとされている。一八二二年六月にイギリスで生まれた。幼年期に両親とアメリカ合衆国に移住し、ブルックリン（ニューヨーク）に居住した。一家は英国教会の流れをくむ聖公会のキリスト教信仰をもっていた。父は聖公会の神父であった。ハリエットは裕福な家庭において何不自由なく育てられていた。ところが八歳の時に三階から一階に転落するという大変な事故を起こした。脊椎損傷により他人の手を借りることなしにはベッドから出ることも出来ず、ましてや歩行は困難となった。一八歳ころから徐々に健康も快復してきたが、生涯、足を引きずる後遺症に悩まされた。経済的には生活も保障され、彼女名義の財産もあった。にもかかわらず彼女は豊かさの中に安逸《あんいつ》を貪る者ではなかった。少女時代の闘病生活中に熟成されたものは人々を驚かせた。肉体的負い目を持ちながら外国伝道を志したのである。家族や周囲の説得も彼女の強固な意志力には抗しがたかった。ギプス・ベッドから動けなかった一〇年あまりの生活の中で、父親

からカテキズム（教理問答）を学び、聖書を深く読み、人生と時間をいかに使うべきか熟考したことがこの後の彼女の生き方で知ることが出来る。

ブリテンは一八五四年三二歳の時、リベリア（アフリカ）に聖公会宣教局により宣教師として派遣された。しかし現地の気候環境は彼女の健康には耐えがたいものであった。二年にして帰国を余儀なくされた。当地で婚約者との辛い別れも相手の宣教の志しを優先した経緯からであった。一八六一年にはＷＵＭＳによりインドに派遣された。カルカッタにミッション・ホームを設立し、ホームではユーラシアン（欧亜混血児）を収容し教育をした。インドの婦人達にも接近して、ブリテンの得意とする針仕事や編物を教え、自立心を養わせた。この間にインドの女性達の窮状を調査し二冊の本を著している。この本は米国のシカゴの西にあるウイートン・カレッジのビリー・グラハム・センターに所蔵されている。インドの女性達が如何に不当に扱われているかを確認し、本国のキリスト教会の人々を覚醒させ、インドの女性の救済のために宣教師を派遣するよう訴えている。ブリテンは一八七九年に帰国して、ＷＵＭＳを退職している。短期間ではあるがブリテンとガスリー（次項参照）が知り合ったのはこのインドでの宣教の時期であった。

ブリテンは友人または同志とも言えるガスリーの急死により、「私はここにおります」とガスリーの遺志を継ぐ者となるのである。今度はメソジスト・プロテスタント・チャーチ（ＭＰＣ）日本流に言うと「米国美普教会」による婦人外国伝道会（The Woman's Foreign Missionary Society　ＷＦＭＳ）からの派遣である。

一八八〇（明治一三）年九月二日にニューヨークを発ち、ガスリーを見送りしようとしたサンフランシスコ港から今度はブリテン自らが日本を指して出帆した。同月二七日に横浜に着いた。外国宣教のベテランとはいえ五八歳という高齢のブリテンにとって三週間余の船旅は決して楽なものではなかったはずである。初めての日本であるにもかかわらず、着々と学校開設の準備にとりかかった。一八八〇年一〇月二八日（これが創立記念日となる）に、横浜山手居留地四八番館にブリテン女学校（現横浜英和学院の前身）を開設した。来日するやいなやのこの早業は、J・H・バラ宣教師の支援が大きい。山手居留地四八番館はJ・H・バラ氏の所有物であった。WUMSのミッション・ホームが山手居留地二一二番館に移転した後、英語塾や商社マンの集まる所となっていたが、バラはブリテンに学校開設の場所として提供した。生徒はMPCが奨学金を出してWUMSのミッション・ホームへ預けていた四人と、すでにバイブル・ウーマン(1)に成長していた根津えい子を引き取る手配もした。一八八一（明治一四）年には生徒募集の広告を新聞に出した。四人ではじめた生徒数はたちまち増加し、校舎を次々と大きいものに移転しながらついに山手居留地一二〇番館（英国の軍の所有）を購入した。本国からの費用では足りず、彼女は自費で半分をまかなった。一八八一年にWFMSに年次報告をしている。この中に外国伝道の大切なことを強く訴えている。聖書の言葉をふんだんに引用して全世界に福音をのべ伝えることの意義を「聞かないでどうして主を信じられましょう」と力を込めて綴っている。

ブリテンの任期は五年であった。一八八五（明治一八）年に学校を辞した後も横浜、東京に留まり混血児の世話に、また来日した宣教師たちに宿を提供するなどして自費を使い果たした。病を得て帰米し、一八九七年四月二九日、帰着した翌日にサンフランシスコのオキシデンタル・ホテルにて天に召されたのである。当時の新聞記事によると「米国における勇敢な婦人外国宣教師のパイオニア」と賞賛されていた。ブリテンは、アフリカ、インドそして日本に宣教し、生涯の約五〇年を海外宣教に捧げた。今はサンフランシスコの海の見える丘の墓地に眠る。享年七五歳であった。墓碑銘に「彼女の肉体は滅びた。しかし今なお語りかけている。」と英文で記されている。二〇一六年に横浜英和学院は薄れかかった文字を修復した。

（森山みね子）

【注】

（1）バイブル・ウーマン　宣教師たちが宣教活動に出かけるとき同行し、伝道集会等で日本語による聖書の朗読をして宣教師の手伝いをする者。

【参考文献】

成美学園百十年誌編集委員会編『成美学園とキリスト教教育』成美学園　一九九〇年
『成美学園ＰＴＡだより』九八号　一九九四年
John Krummel, The Methodist Protestant Church in Japan

エリザベス・マーガレット・ガスリー

Guthrie, Lizzie Elizabeth Marguerite　1838 - 1880

◇日本の少女たちのために女学校をつくる計画

（英和）

ガスリーは米国ペンシルベニア州ピッツバーグの北にあるベーカーズタウンに生まれた。父ジョセフ・ガスリー博士は改革長老派の牧師であった。母は、彼女の生後二日目に亡くなった。祖父ジョセフ・コスキーに引き取られ養育され、伯母の養女として成長した。

牧師である父からの影響はどのようなものか定かではないが、二〇歳代で外国伝道の召命を受け宣教師となった。三一歳の時、超教派のWUMSよりインドに派遣された。一八六八年のことである。この地で深く結びつきをもつハリエット・G・ブリテンはこれより六年前からカルカッタのミッション・ホームで宣教活動をしていた。ガスリーはこの地の気候環境に健康を保つことが困難であった。この地での宣教活動は四年にして辞め、帰国することになる。米国への帰国途上、横浜へ立ち寄る。山手居留地四八番にはWUMSの派遣による同労者（プライン、ピアソン、クロスビー等）がミッション・ホームで働いていた。弱った小鳥が羽を休めるように、ガスリーは暫し、このミッション・ホームに留まった。

この横浜山手のホームには、欧亜混血児や英語を学ばせたいとして親たちに送り込まれている子供たちで宣教師たちは多忙を極めていた。小康を得たガスリーはいつの間にか子供たちの世話と同労者を助ける者になっていた。ミッション・ホームが手狭になって一八七二（明治五）年一〇月には山手居留地四八番から二一二番（現横浜共立学園の地）に移転した年でもあった。この時のガスリーの協力は大歓迎された。

ある日、二人の日本の少女が助けを求めてミッション・ホームに駆け込んできた。貧しさ故に親が子供を遊郭（現在の高島町あたりには当時、大きな遊郭があった）に売ろうとしていた。少女達がこれから逃れて来たものと知ったガスリーは何とか助けたいと思う。ところが二人を助けるお金がない。ガスリーはひたすら祈った。この子たちを助けるに足るお金をお与えくださいと。その時、奇しくもメソジスト・プロテスタント・チャーチ（ＭＰＣ）の日曜学校の子供たちが集めた献金が届けられた。祈りが聞かれたのである。

ガスリーはこの事件からＭＰＣの働きを知った。ＭＰＣは以前からＷＵＭＳによる横浜のミッション・ホームに奨学金を送り少数ながら子供の教育を委託していた。ここに彼女は自分のなすべき仕事を見つけたのである。このように売り買いされる日本の少女たちのため女学校を作って導きたい。この地で宣教をしようと決意したのであった。

ガスリーは健康が完全に回復したわけではなかったが帰国して、日本の少女達の状況をＭＰＣの人達に伝え、演説してまわり、献金を募り、計画の実行にかかった。彼女への協力者は次第に増加し、一八七九年にはMPCの中の婦人たちによる婦人外国伝道会（WFMS）が結成された。この伝道会の目的は次のように定められた。

1．婦人宣教師を派遣することにより異教世界の女性にキリスト教教育を行うこと。
2．聖書朗読者（バイブル・ウーマン）として同胞を訓練する者を育成すること。
3．少女たちのために学校を設立することにある。

MPCの中に女性宣教師を一人選び横浜に女学校をつくる計画が動き出していた。ここにおいて選ばれたのがガスリーである。WUMSには辞退願いを出していたガスリーは今度MPCの宣教師として立つことになった。

一八八〇（明治一三）年三月、米国美普教会外国伝道局の大会は日本派遣の宣教師としてガスリーを満場一致で任命した。同月二六日シンシナティにおいて外国伝道局の実行委員会と外国伝道教師担当幹事がガスリーに会い、五年間の正式契約を結んだ。日本への船賃、横浜での当座必要な経費も用意された。これらのために最初の一年目に必要とする費用の見積もり総額は約一三〇〇ドルであった。同年四月二二日にピッツバーグの婦人達により送別祝賀会がもたれ、ガスリーは翌日サンフランシスコへ出発した。五月二日にサンフランシスコに到着し、同月二二日に日本にむけて出帆する予定であった。ところがサンフランシスコ到着の数日後ガスリーは肺炎に罹り五月一五日に天に召された。享年四二歳であった。悲劇的なこの事態にMPCの人々は驚愕した。ここで登場するのがインドで共に働いたハリエット・G・ブリテンである。MPCの要請に対してブリテンは「私はここにおります。私をお遣わしください。」と敏速に申し出た。ガスリーの逝去後五か月にして、ガスリーの切なる志しであるMPCの計画は実現に向かったのである。一八八〇年一〇月二八日にガスリー女学校ではなく、ブリテン女学校（現横浜英和学院）として横浜山手の地で教育と宣教が開始された。

（森山みね子）

シャーロット・ブラウン

Brown, Charlotte Worth　1839 - 1923

◇捜真女学校の創立者

（捜真）

ネーサン・ブラウンは、インドのアッサムにおける困難な宣教活動に従事し、夫妻とも病に冒されて一八五五年に帰国し、『アメリカン・バプテスト』の編集等に従事する。一八七一年五月、妻エリザは永眠した。翌年五月、アメリカ・バプテスト宣教師連合（ＡＢＭＵ）年会で日本宣教師に任命され、七月、ミセス・シャーロット・マーリット（Mrs. Charlotte A. [Worth] Marlit）と再婚する。夫妻はジョナサン・ゴーブル夫妻と共に、ＡＢＭＵによって日本に派遣され、一八七三（明治六）年二月七日、ゴーブルの家族とシャーロットの娘二人と共に横浜に上陸、とりあえず山手居留地二〇三番に居を定める。同年二月二四日、「切支丹禁制の高札」が撤去され、キリスト教が黙認される。三月二日、ブラウン夫妻とゴーブル夫妻の四名で横浜第一バプテスト（浸礼）教会を設立し、ブラウンが牧師に就任した。

ブラウン宅で始められた教会は、翌年には山手居留地七五番に会堂を建ててそこに移った。この会堂は教会の集会と学校のために用いられ、ここでシャーロットが町の少女等を教えた。彼女は前年からすでに自宅で教えていたが、病気のため、続けられなくなった。一八七五（明治八）年、ネーサン・ブラウンを援けるために派遣されたクララ・サンズが塾を引き継ぎ、発展させた。シャーロットは夫が『新約聖書』の翻訳に集中できるよう、家事・育児に専念する。

一八八六（明治一九）年一月一日、ネーサン・ブラウン召天。シャーロットは一時帰国するクララ・サンズのもとに寄宿していた六名の女子を預かり、女学校設立を考える。まず、共立女学校（現横浜共立学園）に助手の推薦を依頼し、翌年卒業するエイミー・コーンズ（のちの山田千代子）を得る。教室兼寄宿舎は、山手居留地六七番のブラウンの住居の裏手にある印刷所二階であった。今度は本格的な女学校設立を考えたシャーロットは、婦人ミッションの本部に校舎建設の資金と有能な教師の派遣を要請した。しかし、その願いは容易に受け入れられなかった。一八八九（明治二二）年三月、病気療養のため、一時帰国するアンナ・キダー（Kidder, Anna H. 1840-1913）に付き添うことになったシャーロットは、婦人ミッション本部を訪れ、直接校舎建設資金と教師の派遣を要請した。その結果、校舎建築の見通しが立ち、やがて教師の派遣も約束された。

クララ・カンヴァースが一八九〇（明治二三）年一月に来日し、校舎と寄宿舎は、一八九一年一二月に山手居留地三四番に完成した。よい後継者を迎えたシャーロットは、一八九〇年九月、同じバプテスト派の宣教師として中国で活躍するウィリアム・アシュモア（Ashmore, William 1824-1909）と再婚し、中国スワトウへ旅立っていった。

アシュモア没後、横浜山手二一一番に住む娘マッカーサー夫人のもとに身を寄せていたシャーロットは、一九二三（大正一二）年三月八日に永眠した。遺族としては、マッカーサー夫人のほかに神戸に住むもう一人の娘カーチス夫人と、ネーサン・ブラウンとの間に生まれたネーサン・ワース・ブラウンが米国オハイオ州トレドにいた。ワース・ブラウンは北京で長年ロックフェラー財団の職員として働き、中国では優秀な医者として知られていた。アシュモアは、晩年トレドにいるこの義理の息子の家に滞在し、ここで永眠した。

シャーロットの葬儀は一九二三年三月一〇日横浜山手二一一番の自宅において、東京のバプテスト・ミッションの主事テンネー（Tenny, C.B.）の司式で、近親者によって行われ、横浜外国人墓地のネーサン・ブラウンの墓所に埋葬された。

なお同年二月七日、シャーロットの来日五〇年の記念日に、テンネーはミッションからの祝意を表すために彼女の家を訪れている。


（小玉敏子）

【参考文献】
高橋楯雄編『日本バプテスト史略　上』東京三崎会館　一九二三年
『横浜教会百年史』日本バプテスト横浜教会　一九八一年
Gleanings from the American Baptist Mission in Japan, March, 1923
"In Memoriam: William Ashmore" The Baptist Missionary Magazine, June, 1909

クララ・A・サンズ

Sands, Clara A.　1844 - 1911

（CL）

◇横浜を拠点に広く神奈川県下に伝道

一八七五（明治八）年一一月、クララ・サンズは、アンナ・H・キダーと共に、米国バプテスト派最初の独身女性宣教師として横浜に上陸した。キダーは東京でジェームズ・H・アーサー（Arthur, James H. 1842-1877）が東京駿河台の森有礼の所有地で始めた女学校を引き継いで発展させ、のちに「駿台英和女学校」と命名されたこの学校の校長として教育と伝道と福祉に生涯を捧げた。

一方サンズは、ネーサン・ブラウンの助手として横浜に派遣された。一八四四年、ニューヨーク州サウスポートに生まれ、オハイオ州オックスフォードの女子大学を卒業する。一八七三年ニューヨーク州サラマンカで受浸、(1)外国宣教の使命を感じ、所有物を売却してミッション本部を訪れ、宣教師志望を伝える。ネーサン・ブラウン支援のため横浜に派遣され、一八七五年一一月に来日する。山手居留地七五番に居を定め、一八七六年横浜第一浸礼教会の会員となり、伝道のための準備を進める。神奈川県下の農村に開拓伝道を展開、その足跡は上溝、原町田、厚木、伊勢原、長後、藤沢、小田原、八王子、甲府と広範囲にわたり、一八八三（明治一六）年長後に、一八八六（明治一九）年上溝に教会が設立された。これはバプテスト派の農村伝道のさきがけとなる。

サンズは婦人伝道者を養成し、それらの女性を伴って家庭訪問による伝道を行なった。また、伝道の途中に出会った子女を自宅に預かって聖書、英語、洋裁、料理などを教えた。一八八一（明治一四）年にサンズは、「二〇〇名近くの子供たちを教育しています。女子の学校には六〇名を超える生徒がおり、もう一つの男子と女子のための学校には一〇五名の生徒がいます。」と報告している。この一〇五名の男女共学の学校が、「聖教学校」と呼ばれたもので、小学校程度の教育を行なっていた。

一八八六（明治一九）年一月、夫ネーサン・ブラウンを天に送ったシャーロットが一時帰国するサンズから六名の女子を預かったのが捜真女学校の始まりとされている。その後山手居留地三四番に校舎が完成し、聖教小学校の女子二、三〇名が捜真女学校に移されている。この小学部は一八九九（明治三二）年に「文部省訓令第一二号」により、キリスト教教育ができなくなったため閉鎖された。しかし一九五七（昭和三二）年、神奈川区中丸の現在の校地において再開された。

一時帰国したサンズは、一八八九年五月にブランド（Brand, J. C. 1848-1921）と結婚、一八九〇（明治二三）年二月ともに来日し、東京や水戸で伝道に従事した。神奈川県下での積極的な農村伝道とは対照的に、控えめに背後から夫を助け、文書伝道に専念した。（小玉敏子）

【注】
（1）受浸は浸礼を受けること。洗礼はキリスト教の信徒になるための儀式で、頭上に水をそそぐが、バプテスト教会では全身を水中に浸すので、「受洗」でなく、「受浸」という。

【参考文献】
高橋楯雄編『日本バプテスト史略　上』東京三崎会館　一九二三年
大島良雄『日本につくした宣教師たち』ヨルダン社　一九九七年

▼第二節▲ミッション・スクールの教師たち

エマ・C・ウィトベック・ヴェイル

Witbeck, Emma Catherine (Vail) 1849 - 1945

◇フェリス女学院初期の教師、そして宣教師の妻として

（フェリス）

エマ・C・ウィトベックは一八四九年九月一一日、米国ニューヨーク州トロイに生まれた。ウィトベック家は数代前にオランダから移住した家族で、オランダ改革派教会の誠実なメンバーであった。父ヘンリー・ワイコフ・ウィトベックは実業家で、「ゴールドラッシュ」時や南北戦争時に、人々の移動や輸送に必要な四輪馬車や荷馬車を製造して財を成したという。この裕福な家庭に育ったエマは、また開拓精神にも富む少女であった。名門のトロイ・セミナリーを卒業した後、一八六七年一八歳の若さで世界一周の旅に出ている。その途中に初めて日本を訪れ、将来、日本女性のために働く決心をしたという。その後数年、エマはジョージア州アトランタにある教会立

の黒人少年のための学校で教鞭をとり、教師経験を積んだ。

フェリス女学校はメアリー・E・キダーの一八七〇年以来の努力で、一八七二（明治五）年には野毛山の県官舎一棟を借り受け、五〇人を超える生徒に充実した教育を与えられるまでに成長していた。しかしこの年に協力者として加わったヘケンボーグが体調を崩して、一年余りで帰国のやむなきに至った。その一方で山手に本格的な校舎の建設が進んでおり、早急な新任教師の派遣が求められていた。一八七四（明治七）年一二月、ウィトベックはアメリカ改革派教会の命を受けて日本に向かった。二六日間の船旅で、一二月最後の木曜日に到着した。その時「国民は台湾征討の歓びに沸いており、凱旋の将『大久保』を称え、祝勝騒ぎの最中にあった。横浜の市内は祝賀の照明で飾られていた。照明とは言っても電気ではない」と、彼女は当時の様子を記している。ウィトベックは寄宿校舎が一八七五（明治八）年五月に完成するまで、しばらくS・R・ブラウン宅に同居した。

校舎が完成し、六月一日に開校式が行われた。宣教師たちも生徒と同じ建物に住み、生活ぐるみの指導を行う学校であった。ウィトベックが非常に熱心かつ意欲的に、自分の勉強と生徒の教育に取り組んだことは、キダーが（当時は結婚してミラー夫人）たびたび報告している。一八七五年度の学校の様子を少し記すと、冬期は七時から朝食、七時半～八時四〇分まで、通学生も来て朝の学習時間、九時～一二時半まで英語による午前の授業。まず讃美歌練習のあと、祈祷、英語の聖書朗読と日本語による説明で始まる。授業内容は哲学初歩、生理学、歴史、植物学、作文、講読、綴り、書き方、算数、地理、会話などで、このほかオルガン練習や午後の日本人教師たちによる諸教科、夕方は五時に夕食のあと一時間半の学習時間、そして晩祷《ばんとう》というスケジュールである。学校の運営が次第に軌道に乗るとミラー夫人（キダー）は、学校生活全般の管理と学内の宗教教育のほか、生徒の家庭への伝道などにも力を入れるようになり、教室での授業運営はウィトベックに任せるようになった。一八七八（明治一一）年にはほぼこの分担で定まり、ミラー夫人が学校管理と生徒の個別指導のほか、学内宗教活動だけでなく年長生徒を助手として、学外で日曜学校、聖書集会などの働きを拡げるようになる。

一八七九年五月、ミラー夫妻が滞日一〇年目で休暇帰米したので、宣教師は三〇歳に満たないウィトベック一人になった。九月にハリエット・L・ウィンが着任したので状況は好転したが、二人はメアリー・ミラーの残した学内の宗教活動や、学外の宣教活動も引き継いで懸命に努力をした。ウィトベックは一八八〇（明治一三）年の報告で「学校を運営する教師の不足は、外での宣教師の活動にとって大きな障害となっており、すでに開始した活動の継続すら危うい」と、管理的な立場の宣教師派遣を切実に求めている。しかし一八八一年四月、二年ぶりに日本に戻ったミラー夫妻は、学校をウィトベックとウィンに委ね直接伝道に転身する。一八七九年から一八八一年まで二年数か月、実質的に学校責任者として緊張の日々を過ごしたウィトベックは、八一年秋、健康を害し来日七年を経て休養のため帰米することになった。フェリス・セミナリーは、長崎で活動していたユージン・S・ブース（Booth, Eugene Samuel 1850-1931）師夫妻が引き受けることになり、一二月の着任を待って、翌年初めにウィトベックは帰国の途についた。エマ・C・ウィトベックの名は、一八八三（明治一六）年度の教員名簿には「帰米中」と記載されているが、一八八二年末にM・リーラ・ウィン（ハリエット・L・ウィンの従妹）が来日し年明けから教えることになったので、この八三年度を以てウィトベックはフェリスの宣教師を離れたと思われる。やがてエマは米国で、メソジスト監督派のミルトン・スミス・ヴェイル博士と結婚する。

ミルトン・ヴェイル（Vail, Milton S. 1853-1928）は一八七九（明治一二）年、アメリカ・メソジスト監督教会から横浜の美会神学校校長を命ぜられて、九月、妹のジェニールを伴って来日した。美会神学校は横浜山手のフェリスに近い位置にあったので、エマ・ウィトベックは若い校長代理として苦労する中、横浜の先住者として何かと相談に乗る立場にあったと思われる。エマの孫に当たるキャサリン・ヴェイル・ブリッジが書いた記録によると（フェリス女学院資料室紀要『あゆみ』第三六号）、二人の出会いはヴェイルが横浜に赴任した、一八七九年であると言う。しかし前述のようにエマは多忙な二年数か月ののち、一八八二（明治一五）年初めに帰米している。一方、美会神学校は八二年に東京に移転した。さらに八三年、東京英学校と合同して東京英和学校（青山学院）となるが、ヴェイルは引き続き神学部長・教授を務めた。その立場で一旦帰米した際の一八八五年一月一日、再会した旧知のエマと結婚したのである。

二人は再来日し、四人の子供に恵まれたあと一八九五（明治二八）年に長崎に移り、ヴェイル師は同じメソジスト監督派の鎮西学院神学部長・教授となる。しかし一九〇〇（明治三三）年、師の重い病のため一家で帰国することになり、カリフォルニア州オークランドに落ち着いた。健康を回復したヴェイルはその後、長くサンフランシスコの日本人教会や日本人学校で学生の神学指導に当った。エマはそのような夫を支え、帰国後四五年を過ごしたオークランドで、一九四五年七月二三日に九六歳の生涯を閉じた。明治初年から長く日本とかかわってきたエマ・ウィトベック・ヴェイルにとって、晩年の日米戦争はどう映っていたであろうか。

（鈴木美南子）

クララ・ホイットニー・梶

Kaji Whitney, Clara　1860 - 1936

◇クララ共立で校長代理を務める

『クララの明治日記』より

『クララの明治日記』の著者クララは、一九〇〇（明治三三）年一月から五月まで共立女学校の校長代理を務めた。

「朝八時に汽車で横浜へ出かけ夕方五時半か六時に帰宅 するという毎日だった。卒業式では卒業生に式辞を述べ、当日来賓の前で生徒が発表するエッセイや暗誦のために何週間も前から指導するなど大事な役割を果たさなければならなかった。学校の仕事は気に入っていたし、可愛い少女たちに教えるのは楽しかったが、夜になるとどっと疲れが出た。一日中お手伝いに任せている子供たちのこと、家のあれこれなど心配も多かったが、誰もがみな親切にしてくれた。」

と日記に書き残している。

一八七五（明治八）年父ウィリアム・C・ホイットニーは森有礼の紹介で東京に開設する商法講習所（一橋大学の前身）の所長・教師となる予定で家族（妻アンナ、長男ウィリス、長女クララ、次女アデレイド）を伴い来日した。しかし父の仕事は約束通り運ばれず一家は経済的に困窮した。この間物心両面にわたり支援の手を差し伸べたのが参議を退き氷川屋敷で著述に専念していた勝海舟であった。勝の計らいで父は約束通り教師の職に就くことができホイットニー一家の日本での生活が始まった。

母アンナは信仰が篤く、日本にキリスト教を伝道したいと願っており、早速家で聖書研究会や祈祷会を開いた。クララも英語やピアノを教え、教会の奏楽を担当した。クララの日記には東京・横浜在住の宣教師をはじめ、この時代の政界・財界の著名な人物との交流の模様が記されている。

一八八〇（明治一三）年兄ウィリスは東京大学での課程を修了し、アメリカで更に医学の勉学を続けることになり一家は帰国する。二年後の一八八二年ウィリスがペンシルベニア大学医学部を卒業するのを待って再び来日する。父は出発直前に病死したが、母はウィリスがクリスチャンドクターとして日本で働くことを目的としていた。勝家の屋敷内にある懐かしい家で再び東京での生活が始まった。間もなく母は重い病気に罹り寝付いてしまった。子供たちの懸命な看護の甲斐なく一八八三（明治一六）年四月天に召された。母の親しい友人である宣教師のマリア・トゥルー（True, Maria T. 1840-1896）は度々見舞いに訪れ臨終の床に付き添いクララを慰めた。ウィリスは母の志を継ぎ後に氷川町に「赤坂病院」を開き、日本の医療に貢献した。

一八八六（明治一九）年クララは勝海舟の三男梶梅太郎と結婚する。梅太郎の実母梶くまは長崎で勝と知り合ったが梅太郎が三歳の時病死し、梅太郎は東京の勝家に引き取られ成人した。クララとは来日以来英語の先生と生徒であり、遊び仲間であり親しく付き合っていた。夫婦は勝海舟の屋敷内に建ててもらった家に住み、一男五女と六人の子供に恵まれた。

一八九九（明治三二）年勝海舟死去。父母亡き後最も信頼していた人である。梅太郎は頭も良く、人柄も良かったが生活力がなく将来が案じられた。クララは子供たちの教育のため、梅太郎と別れアメリカへ帰る決心をし、一九〇〇年六月日本を離れた。クララがミセス・カジとして共立女学校で教えたのは帰国直前の五か月間であった。

（安部純子）

【参考文献】
ホイットニー・クララ『クララの明治日記　上下』中央公論社　一九九六年
「ホイットニー・クララの日記」　一又民子氏蔵

メアリー・エリザベス・ウイリアムス

Williams, Mary Elizabeth 1864 - 1944

（英和）

◇一二歳のとき、宣教師になると神に約束

最近になって横浜英和学院の資料室でウイリアムスの自叙伝〝Autobiographical Sketch of E. Williams〟が発見された。英文ではなくて日本語に訳出したものである。日本語を母国語としていない人のような文章であるが、引用しながら彼女の宣教をたどってみる。ウイリアムスはピルグリム・ファーザーズ（一六二〇年にイギリスから信教の自由を求めて、メイフラワー号でアメリカの東部に脱出した）の家系に属する者であった。ゆえにその信仰の深さには並々ならぬものがあった。ウイリアムスは次のようにしたためている。

「父 Richard Williams とその妻は Frankford からそれほど遠くない美しい場所に住んだ。彼らは信心深く、家族馬車で教会に出かけた。馬車が満員であれば男の子は馬で行った。家族は教会へいかねばならなかった。それは家族の掟であった。ウエストバージニアの Monroe County における我が家は、常に説教者の足を止める場所であった。父の両親の所には訪問牧師（Visiting ministers）達がたくさんやって来た。家では最上の教会新聞を三つと、一冊の伝道雑誌をとっていた。今ではこの雑誌はPresbyterian surveyといわれるものである。私は一二歳のとき、宣教師になると神に約束をした。」

この一二歳の少女が学びを重ねて、横浜の地に宣教師として来るまでには二一年の歳月がたっていた。一八八六年にウエストバージニア州のルイスバーグにあるリングスブライアー女子大学を卒業する。一八八八年にシカゴのムーディー聖書学校で一年間教育を受けた。その後、公私立学校で一〇年ほど教師を体験する。Moody Bible Instituteで伝道事業のため一年間の準備をする機会をもった。メソジスト・プロテスタント・チャーチ（ＭＰＣ）に属する婦人外国伝道会（ＷＦＭＳ）から、一八八七年より一九三三年の四六年間にわたる宣教師としての任命を受けた。一八九六年一〇月にはBible Training Schoolに入学した。ウイリアムスは、いよいよ日本に派遣される経緯と喜びを次のように記している。

「九七年四月に横浜の女学校で教員がほしいとＭＰＣのＷＦＭＳから我々の監督にいってきた。このInstituteにいたことは、日々の喜びと精神的恩恵の一つであった。私はもはや宗派的な障壁は存在しないと感じ、キリストのためにどこへでも行けると感じた。」

ウイリアムスは一八九七（明治三〇）年一一月に来日し、一九〇〇（明治三三）年に横浜英和女学校の第七代校長に就任した。来日当初は前任者ミス・クーン校長を助けながら、横浜のみならず東京、浜松、名古屋において教育と伝道に尽力した。

一九〇四（明治三七）年に賜暇を得てハジスと交代する。一九〇八（明治四一）年にハジスが賜暇で帰国するので再びウイリアムスは呼び戻され校長代理を務める。自伝によるとウイリアムスは日本での宣教活動を振り返っている。校長代理の時期にＷＦＭＳ結成二五周年の記念事業として、横浜英和女学校に礼拝堂が建設されることになった。米国において、横浜英和女学校を支えた中心的な人物マカスリンの名を冠したものであった。山手居留地二四四番館から蒔田の丘に移築された後、今も礼拝堂の窓を飾るステンドグラスの美しい輝きを見ることができる。ウイリアムスは自伝の中に次のように述懐している。

「私は日本に二つの記念碑を持っていると感ずる。それは英和女学校の McCaslan（マカスリン）記念礼拝堂と名古屋にある我が〝Murray Home〟でそれらの建造に私はあずかる特権をもったのである。」

一九〇八年はＷＦＭＳ創設の二九周年に入っていたが、ウイリアムスはＷＦＭＳ結成二五周年記念式典を執り行った。次いで一九一〇（明治四三）年は横浜英和女学校創立三〇周年になる。ブリテンが山手居留地四八番館において創めたブリテン女学校の時代から山手居留地二四四番の横浜英和女学校までの、教師、生徒、卒業生等の写真を集めて『英和女学校参拾年のおもかげ』というアルバムを発刊した。今日も学校の重要な資料となっている。ウイリアムスの周到な業が読み取れる。創立三〇周年記念日は一〇月二八日であったが、ハジスは九月に来日した。ウイリアムスは準備万端怠りなく、ハジスが式典を恙《つつが》なく執り行われるよう準備していた。

ウイリアムスはハジスに学校の監督を引き継ぎ、一九一一年に帰米し、両親の介護、看取りをし、

一九一六（大正五）年に名古屋での宣教のため再来日した。ウイリアムスはハジスから思いがけない申し出を受ける。自伝によると

「とかくするうち、Miss Hodges は私が学校に戻ったら彼女が、名古屋市とその県における福音伝道活動を指導するために出掛けたいといってきた。私は彼女のすすめに同意できなかった。」

と述べている。推測ではあるが、「学校経営はハジスにむいている。」とウイリアムスは確信していた。自分は宣教師の初心に返って名古屋の人々に宣教したい。という切なる情熱に動かされていたものと思われる。

ウイリアムスの名古屋での活躍は他時に回すが、ＷＦＭＳとの約束通り一九三三（昭和八）年五月日本を去るまで、福音伝道に尽くした。幼稚園教育、地域の文化活動の功績により一九三三年日本政府から表彰を受けた。同年離日し、ウエストバージニアで引退生活を送った。一九四四年八月二七日ノースカロライナのグリーンウッドにある妹の家で逝去した。享年八〇歳であった。

（森山みね子）

【参考文献】
John Krummel, "The Methodist Protestant Church in Japan"
Elizabeth Williams, "Autobiographical Sketch of E.Williams"

ウィニフレッド・M・エーカック

Acock, Winifred Mary 1883 - 1974

◇神を信頼し、喜び、祈り、奉仕する生涯

（捜真）

ウィニフレッド・エーカックは米国インディアナ州の牧師の家に生まれた。信仰篤い父と子供の教育に熱心な母親に六歳上の姉エイミー・エーカック（1877-1964）とともに育てられた。エイミーは一九〇五（明治三八）年、二八歳の時にバプテスト派の宣教師として来日したが、ウィニフレッドは、フランクリン大学卒業後、インディアナ州立師範学校で学び、小学校や中学校の教師をして両親を経済的に助けていた。ウィニフレッドも宣教師になりたいと思っていることを察した両親に勧められて、一九二二（大正一一）年、三九歳の時に宣教師として来日した。二年間日本語を学習するはずであったが、一九二三年の関東大震災のため落ち着いて日本語学習をすることはできず、仙台の尚絅《しょうけい》女学校で英語を教えた後、横浜の捜真女学校の教師となった。

エーカックの生徒であり、のちに共に教師として働いた元捜真学院長日野綾子によると、エーカックは第一に優れた英語教師であった。能力のある者には次々に高度の材料を与えて学ばせ、そうでない者には最後の一人がおぼえるまで、昼休みに、放課後に、個人的に指導した。第二に

祈りの人であった。生徒と教師の名簿を手に、一人ひとり名前を音読し、ちょうど帰宅して一日の事を家族に話すように、父なる神に普通の言葉で全部話した。第三に彼女は喜びの人であった。彼女の顔から微笑みが絶えたことはなかった。神様にまったく頼って生きる人の心の平和と喜びが溢れ出ていた。第四に多忙な英語教師の生活に埋没せず、教会で、学校で、聖書研究を指導した。第五に徹底した奉仕の人であった。

宣教師退職後も、九一歳まで教会学校で教え、「愛の献金」のカリフォルニア全体の委員長をつとめ、人々に外国伝道への献金を促し、他の老人のために、手紙を書き、聖書を読み、雑用を手伝い、日本からの留学生には無償で英語を教えた。

一九四一（昭和一六）年一二月八日太平洋戦争が始まった。当時捜真女学校五年生だった竹内北子は、当時を振り返って、一九四九年発行の「同窓会会報」に次のように書いている。

「昭和十六年十二月八日、恐れていた日は遂に来ました。その朝の礼拝で何も御存じなく讃美歌を奏いて下さるウォード先生、讃美歌を歌うエーカク先生を見て、お気の毒なのと、もう教えて頂けないかも知れない心配で私達の胸は一杯でした。

十二月十一日、詔書奉読式、この日『君が代』を奏いて下さったのはウォード先生です。坂田校長は私達の心がまえについてお話なさったあと『エーカク先生、ウォード先生は今迄と同じように皆さんを教えて下さいます。こういう時だからといってお二人の先生に失礼な真似は決してしないように』といわれました。エーカク先生はハンケチを目にあてておられました。」

当時、捜真女学校長を兼務していた関東学院長坂田祐は、一九四二（昭和一七）年二月九日（月）の日記に、「今日、昨日買い求めたる苺一箱をMiss Acockに呈せり」と書いている。

翌年五月中頃までエーカックは捜真女学校で英語を教えていたが、次第に官憲の眼がきびしくなり、七月末には東京の桜上水のグレセット夫妻（バプテスト派宣教師）の許に移った。その後も捜真の教職員、生徒、同窓生たちは、不自由な生活の中から、食料品や日用品を届けるなど、できる限りのことをして見守った。一九四三（昭和一八）年、エーカックは第二次交換船で強制送還され、ニューヨークに着いたのは一二月二日であった。米国在住の日本人がすでにConcentration Camp（強制収容所）に収容されているのを知ったエーカックは直接汽車でそこに向かった。エーカックがニューヨークから汽車に乗ると、前に座っている男の人が新聞を読んで、大きな声を出して「日本人はみんな死んでしまえ！」と言ったという。すると、人の前で口をきけないほどのはにかみ屋のエーカックが、いきなり立って、その男の人の前に行って「あなたは、何人の日本人を知っていますか。私は、日本から帰ってきた。長いこと日本にいたが、立派なクリスチャンがいるし、自分を訪問すると危険な時に、危険を冒して食物を持ってきてくれたり、讃美歌を歌ってくれたり、もういろんなことをしてくれた。クリスマスには、憲兵が来た。それなのに、私のためにクリスマスキャロルを歌ってくれた。そういう人のことも、あなたは死んでしまえ、と言うのですか。」と叫んでしまった。あんまり大きな声を出していったので、乗客はしーんとしてしまった。そして、ふと気が付いたら、あんまり自分が大きな声を出しているので、恥ずかしくて真っ赤になってしまった、という。

一九四五（昭和二〇）年八月、太平洋戦争が終了すると、いち早く来日の準備をしたエーカックは一九四六年一〇月来日し、一九四九(昭和二四)年四月に帰国するまでの間、戦災で校舎を失った捜真女学校の復興のためにあらゆる努力をした。焼け跡にようやく建てられた木造校舎のために南カリフォルニアのバプテスト教会の女性たちから贈られたガラスやペンキもエーカックの働きかけによるものであった。さらに、失われた教材や備品を補うために、アメリカの教会から多数の図書が送られてきた。それを契機に全校生徒に図書の寄付を呼びかけ、木造校舎の中にささやかな「エーカック記念図書室」が設置された。六〇余年を経た現在では鉄筋コンクリートの校舎の四階にある図書室に入ると、"Acock Memorial Library" の文字の横で、「ミス・エーカック」の写真が微笑んでいる。

（小玉敏子）

【参考文献】
『捜真女学校九十年史』捜真女学校　一九七七年
日野綾子『豊かなる流れ』新教出版社　一九九三年
キリスト教学校教育同盟編『日本キリスト教教育史　人物篇』創文社　一九七七年

メアリー・キャサリン・バレンタイン

Ballantyne, Mary Katherine 1906 - 2002

◇最後のWUMS宣教師

（共立）

一九四一（昭和一六）年一〇月バレンタインは真珠湾攻撃の前に日本からアメリカへ向かった最後の客船「氷川丸」の船室で生徒から贈られた手作りの本を手にとっていた。三年生全員一人ひとりが一ページずつ作り全部を絹糸で綴じた美しい本であった。目を閉じると港まで見送りにきてくれた生徒、卒業生、先生方の讃美歌の歌声といつまでも手を振っている姿が蘇ってきた。五月のある授業のことも思いだされた。クラスで"Pact"（条約）という英語を説明するために最近日本がドイツ、イタリーと条約を締結したということを話した。そしてアメリカの国旗もここに掲げられ、何時の日にか世界中の国の国旗が揃って翻ることを願っていますと結んだ。次の授業の日クラスの黒板にはこう書かれていた。「私達日本人はバレンタイン先生及びアメリカ合衆国と永久平和条約を確かに締結します」と。クラス全員の署名に続いてバレンタインも署名した。

その氷川丸で来日したのは一九三六（昭和一一）年九月のことであった。以来五年の間に、バレンタイン先生は生徒と一緒に学校行事を楽しみ、休日の旅行に見る日本の自然に魅了されていった。この別れは悲しかった。

世界情勢が暗転の途をたどり極端な国家主義に走った日本がアメリカに対し開戦する機運は明らかであった。宣教活動も深刻な影響を受けるであろうことは目に見えていた。バレンタインは愛する日本を離れたくないと考えていたが、神保勝世校長は政治情勢から判断して帰国を勧めた。

バレンタイン着任当時、共立には五人の宣教師が在職していた。そのうち女学校のルーミスは一九三五（昭和一〇）年退職、トレィシーは一九三九年引退、神学校のプラットは一九三七年引退と三人はすでに帰国していた。神学校に残ったリンは開戦後も同僚の城戸順の家に身を寄せていたが一九四二（昭和一七）年六月第一次交換船で帰国した。太平洋戦争開戦と同時に内務省の通達により全国で一斉に「敵国人」の抑留が始まったが、ＷＵＭＳに関しては抑留された宣教師はいなかった。

バレンタインは一九〇六年一二月二四日、インドのシアルコート（現パキスタン）で宣教師の両親の六人の子供の末っ子として誕生した。ミドルネームのキャサリンは信仰の篤かった父方の祖母の名前をもらったものである。父ジョン・ホワイトは裕福な牧場の長男であったが、プリンストン大学を卒業後合同長老派教会神学校に学び牧師となった。母アダ・ブランチはウェストミンスター大学を卒業し、農場を経営する実家近くの小さな学校で子供たちに勉強を教えていた。二人は一八九五年結婚し、翌年共に宣教師としてインドへ赴いた。子供たちの幼時教育は母が行ったが、長女が一五歳になるとアメリカで教育を受けさせるため、母は宣教師を辞め子供たちを連れて帰国した。休暇で家族のもとに戻った父は健康を害しており、その翌年五三歳で天に召された。母は四八歳、僅かばかりの年金で一家を支えなければならなかった。六人の子供は学業の傍ら歳相応の仕事をして家計を助けた。母は誇り高く高潔な人で他人からの援助の申し出をすべて固辞し、子供たちにも愚痴をこぼすことは決してなかった。このような状況のなかで子供たちは全員大学教育を受けた。上の子供は大学に入学すると一、二年在学した後、休学して働き弟妹の分の学資を得ると復学するという方法を実行したのであった。

バレンタインはウェスタン大学を卒業するとテネシー州東部の山岳地帯にある合同長老派教会の経営するセダー・クリークの学校で数学と科学を教えた。五年後ニューヨークの聖書学院に学びキリスト教教育学修士課程を修めた。卒業の年に紹介されたのが横浜の共立女学校で教えていたマーガレット・ロジャースであり、病気のため帰国することになっていたロジャースに代わり、後任宣教師としてWUMSから派遣され日本へ行くことになった。

戦争の影が大きくなるにつれWUMSの外国宣教事業は困難になっていった。一九四一年無事帰国したバレンタインは各地で日本に於ける宣教活動及び日本のクリスチャンについて講演をした。そうした機会に日本人が善良な国民であること、日本の自然が美しいことなど、日本と日本人の長所を積極的に紹介した。大学や女学校の教壇にも立った。

戦争が終わった。民間人の渡航が再開されるや一九四七（昭和二二）年五月、バレンタインは日本行の船に乗った。船は軍用船を改修したもので三段ベッドの船室は一四人の女性客と同室であった。日本では物資が欠乏していることを知り、友人のためにと食料品や生活必需品を買い込み、その狭い空間に詰め込んだ。

六月一日、共立の全校生徒・教職員は校庭に並び拍手でバレンタインを迎えた。感激の再会を果たした後には日本の敗戦の現実に直面しなければならなかった。あの美しかった学校は今本校舎一棟を残すだけとなっていた。空襲で命を落とした生徒もいた。食料も衣類も何もかも不足している様子が見えた。バレンタイン四〇歳、その働きは目覚しかった。アメリカの友人に頼み必需品を調達し必要としている人に秘かに配って歩いた。生活に困っている人のところへはお金を置いてきた。自分の祖国アメリカと戦って敗れた日本のこの不幸な現実を恰も自分の責任であるかのように思い、贖罪の気持ちに駆られたものでもあろう。

戦前の短い滞在期間では不慣れなことも多く、宣教師としての目的は達せられたとは考えていなかった。今度こそはキリスト教伝道に徹した。戦災孤児を養育する施設へ生徒を伴い日曜学校を始めた。校庭を開放して焼け跡で遊ぶ子供を集め土曜学校も始めた。聖歌隊の生徒を引率してチャペルセンターの主日礼拝、ＰＸ（駐留軍の兵士や家族のための商業・娯楽施設）でのクリスマスコンサート、駐留軍兵士のキャンプでのイースター礼拝に美しい讃美歌のハーモニーを届ける機会も設けた。一九五一（昭和二六）年、共立女子神学校を再開した。一九五七（昭和三二）年、校名を共立女子聖書学院と改称し院長を務めた。

一九七六（昭和五一）年一二月、宣教師の定年である七〇歳を迎えると翌年九月日本を離れた。宣教師をしていた姉三人と共にアイオワの地で新しい生活を始めた。引退後最後に日本を訪れたのは一九九三（平成五）年一〇月のことであった。長年バレンタインと親交を重ねていた卒業生が中心になり「ミスバレンタインをお迎えする会」を組織し、招待する計画をたてた。募金に応じたのは女学校の卒業生・旧教職員・神学校の関係者・個人的な友人・知人などその数五〇〇人以上に及び、先生と付き添いの姪ケリーさん二人分の航空運賃、一〇日間のホテル滞在費を賄うに充分な金額が与えられた。思いがけない支援もあった。アメリカの航空会社の日本マネジャーは先生の帰りの飛行機のファーストクラスを贈ってくれた。

「先生が長年宣教師として働いたことと、教え子が恩師を忘れず招待したことに感銘を受けて」との言葉の最後に「先生に神様からのプレゼントですとお伝えください」と付け加えた。八六歳の先生の健康が守られ充実した一〇日間を過ごされたこと、また先生をお迎えした人々にとっても恵み溢れる時であったこと、それは本当に「神様からのプレゼント」であった。

錦秋の日本で過ごした思い出を懐かしみつつバレンタインは二〇〇二（平成一四）年一月二三日天に召された。九五歳であった。

（安部純子）

【参考文献】

安部純子『日本を愛した宣教師―ミス・メアリー・K・バレンタインの生涯―』つなん出版　二〇〇四年

▼第三節▲西洋音楽の指導

エレン・シャーランド

Sharland, Ellen　1826 - 1895

◇山手の丘に響いたハレルヤコーラス

一八八九（明治二二）年共立女学校の学年末試験は五月二七日から三日間行われた。最終日二九日の試験終了後修業式が挙行され聖句暗誦、英作文朗読の間にヘンデルのメサイアから“Hallelujah”，“Lift up your heads”，“Worthy is the lamb”の合唱曲三曲が演奏された。『ザ・ミッショナリー・リンク』（WUMS機関紙）には、「当日四百名ほどの来客があり、一同感銘を受けた」という記事が見られる。

日本でのメサイア演奏に関して調べてみたところ、一九〇四（明治三七）年四月二日付『基督教世界』が二月一日夜、神戸教会でメサイアが演奏されたことを報じていた。更にこれはその前年、

ANNUAL EXAMINATIONS OF THE SCHOOL 212 BLUFF, UNDER THE CARE OF THE WOMAN'S UNION MISSIONARY SOCIETY, YOKOHAMA.

CLOSING EXERCISES.

PRAYER.

Scripture Recitation........................Freshmen Class.
MUSIC—First Chorus from Spohr's "God, Thou art Great."
Essay—Spring........................Miss Tai Miyata.
Recitation........................Miss Ai Inagaki.
MUSIC—"I waited for the Lord," from Mendelssohn's "Hymn of Praise."
Essay—"What is Ambition?"........................Miss Hiraga.
Recitation........................Miss Tanaka.
MUSIC—Chorale from Mendelssohn's "Hymn of Praise."
Original Dialogue........Misses Yamamoto, Sekiya, Kosuge and Mori.
Recitation........................Miss Sachi Seike.
MUSIC—Air and Chorus from "Judas Maccabeus."
Essay—Evening........................Miss Kaku Ino.
Recitation........................Miss Kobayashi.
MUSIC—Psalm 23d—Schubert. Extract from the School Calendar, Anonymous.
Recitation........................Miss Sh'ka Ino.
MUSIC—Air and Chorus, "Lift up your heads," Handel's "Messiah."
Recitation........................Miss Yoshioka.
Recitation........................Senior Class.
MUSIC—Hallelujah Chorus, Handel's "Messiah."
Essay—"God's Designs"........................Miss Major.
Recitation........................Miss Yonezawa.
MUSIC—"Worthy is the Lamb," Chorus from Handel's "Messiah."

BENEDICTION.

NEW WORDS BY MRS. PIERSON
To the Air from Handel's "Judas Maccabeus."

I. TRIO.
Lo! the golden morning breaks;
Lo! Creation newly wakes!
Hearts, prepare; your tribute bring,
Songs of triumph to your King.

II. DUET.
See the shining train appear,
Striking harps with accents clear;
Sorrow, tears and sighing cease,
Eternal Morning dawns in peace.

III. CHORUS.
Lo! the ransom'd heroes shine
In the glory-light divine;
Victory! their anthems ring
Praise and honor to their King!
Hallelujah to His Name!
Hallelujah to the Lamb!

CHORUS CONTINUED.
Sing unto God, and high affections raise,
To crown th's conquest with eternal praise.

学年末試験プログラム（*The missionary Link* November 1889 より）

つまり一九〇三年神戸居住の外国人二〇数名がユニオン教会でバイオリン数本とピアノの伴奏により全曲を演奏したことがあり、あまりに感動的であったため再演されることになったという説明がある。これにより一八八九年五月二九日の女学校生徒による合唱曲三曲の演奏は本邦初のメサイア演奏といってよいだろう。

この日合唱の指揮をとったのはイギリス人宣教師エレン・シャーランドである。

シャーランドは一八二六年二月一二日イギリスで生まれる。幼少期をデボンシャーのビットフォードで過ごし、一八六六年三月一〇日銀行家シャーランド氏と結婚する。一八七一年一月二〇日夫が死去。その後五、六年はドイツ、スイス、オーストリーを廻り、夫の姪の教育にあたった。この頃宣教師になることを決心し、友人の反対を押し切って一八七七年五〇歳の時自給宣教師としてビルマ伝道に赴くが、健康上の理由から一八八〇年中国に渡り、混血児のために孤児院を始めた。しかし再び健康を害し一八八六（明治一九）年一一月日本へ来る。

一八八八（明治二一）年より山手居留地二一二番の共立女学校で教える。音楽に精通した優れた音楽教師であった。生徒も熱心に音楽を学び、その年の報告書にはクラシック音楽を勉強する生徒四〇名、ピアノ・オルガンを学ぶ生徒五三名という数字が記されている。外部からもこの学校の音楽は他校と比較にならないほど素晴らしいとしばしば称賛の言葉が寄せられていた。

修業式のプログラムによると、同じ日メンデルスゾーンの〝Hymn of Praise〟の中から二曲、シューベルトの「詩編二三編」そしてヘンデルの「ユダス・マカベウス」のアリアと合唱曲にピアソン作の歌詞をつけて演奏したことが見られ、かなり高いレベルの音楽教育が実践されていたことが理解できる。

シャーランドはバプテスト教会の教義に共感し、教会は横浜バプテスト教会の英語礼拝に出席していた。一八九〇年アメリカン・バプテスト・ユニオン（ＡＢＭＵ）に移り、同年末山口県での宣教拠点、下関・長府での宣教のため、友人のH・ブラウン（Browne, Harriet）等と同地に赴く。一八九三（明治二六）年長府に孤児院天恵園が設立されるとシャーランドはここで働く。一八九五（明治二八）年四月一九日病気のため同地で死去。六九歳であった。同年六月『グリーニングス』（バプテスト教会機関紙）は「愛情深い人でシャーランドおばさんと呼ばれ誰にも愛されていました。小柄な人でしたが、彼女が亡くなると私達の中に大きな隙間が残ってしまいました」と追悼の言葉を記している。シャーランドは何れの地に於いても自費で活動を行う自給宣教師であった。

（安部純子）

【参考文献】

安部純子訳著『ヨコハマの女性宣教師――メアリー・P・プラインと「グランドママの手紙」』ＥＸＰ　二〇〇〇年

ジュリア・A・モールトン

Moulton, Julia A.　1852 - 1922

◇音楽と福音の伝道師として滞日三三年

（フェリス）

ジュリア・A・モールトンは一八五二年七月二八日、カナダ、トロントの北五〇キロほどのニューマーケットに生まれた。人口七〇〇人ほどの村で、父ジョン・C・モールトンは村の公立学校校長であった。自宅の傍に学校があり「ミスター・モールトンの学校」と呼ばれていた。一家は学校のすぐ隣のメソジスト教会員であった。一八六一年の秋、母レイチェルが長い闘病の末に亡くなる。ジュリアはまだ九歳で、この頃から九歳上の姉メアリーが彼女の母親代わりとなった。後にメアリーが結婚するジョージ・M・ミーチャム（Meacham, George M. 1833-1919）が、この少し前に牧師となって（一八六〇年）最初の赴任地ニューマーケットに来村、牧師館に住むようになる。やがて二人は結婚してカナダ各地のメソジスト教会に赴く。メアリーはオルガン奏楽やクワイア指導をし、常に妹を同伴したので、ジュリアはその環境の中で音楽を学び、教会活動に親しんでいった。

一八七六（明治九）年、ミーチャム牧師がカナダ・メソジスト教会から日本伝道を志願したので、二四歳のジュリアも姉夫婦と共に九月八日初めて日本の土を踏んだ。ミーチャムが沼津中学校の英語教師に招聘されたため、九月中に横浜から沼津へ移動。ミーチャムは学校教師の仕事とともにキリスト教伝道も積極的に行って成果を収めた。そこにはメアリーとジュリアが、ミーチャム師の説く福音の証人として、心からの信仰を人々に伝えた効果が大きかったという。ところが二年も経たないうちに学校が火災で焼失し、復興の見通しが立たないままミーチャムは仕事を失い、一八七八（明治一一）年六月、沼津を離れて東京の築地居留地に移った。明石町四番の宣教師館に落ち着いたあと、ミーチャムは新しい教会設立に関わり、同年一二月にメソジスト牛込教会会堂が完成、翌七九年一二月に同下谷教会が献堂された。二つは東京にできた最初のメソジスト教会で、ジュリアは牛込教会の日曜学校を担当した。滞日七年目の一八八三（明治一六）年に三人は一旦カナダに帰国する（六月横浜出航）。

一八八七（明治二〇）年、三人は再び日本に赴くことになった。五〇代後半になっていたミーチャム神学博士が、横浜ユニオン教会（横浜居留外国人の超教派教会）の牧師に就任したからである。そこで彼らは一八八八年から、フェリス女学校とは目と鼻の先の山手居留地六六番に住むことになった。フェリスはその頃、欧化主義の下に最初の発展・拡張期を迎え、一八八八年には南校舎、西校舎、そして講堂ヴァン・スカイック・ホールも完成する。同年九月に教員として来日したメアリー・デヨが、一一月に重い腸チフスに罹ったため、モールトンに緊急の応援が依頼された。その音楽指導に感銘を受けた校長ブースは、デヨの復帰後も継続を願って一八八九（明治二二）

年二月、支援母体のアメリカ改革派教会（RCA）外国伝道局にモールトンの雇入れを願い出ている。五月の日本ミッション会議にモールトン自身の応募書類が提出され、「声楽と器楽の教員」として採用が承認された。つまりカナダ・メソジストの立場で、RCA日本ミッションの宣教師として正式に任命されたのである。一八八八年、フェリスの教員になった時、モールトンは三六歳であった。

フェリスにはそれまで歌唱やオルガンなど一定の音楽教育はあったが高いレベルではなかった。モールトンが生徒にピアノ・オルガンの器楽と、合唱・独唱の声楽を教えて次第に高い評価を得るようになった。特に合唱は広く称賛をうけたが、それは、イギリスで生まれ一八八〇年代にアメリカにもたらされた「トニック・ソルファ（字音記譜法）」の指導法によるものである。この頃講堂でアメリカン・ボード宣教師ジョージ・オルチンの講演があり、モールトンはこれを聴いて、同方式が日本人に効果的であることを悟り、すぐに横浜で教授していたオーストラリア人ミセス・パットンの門に入って同法を学び、生徒に教える資格をとった。「トニック・ソルファ」は生徒の側からは分かりやすいが、教師にとっては難しいテクニックだというが、モールトンによる指導は大きな効果をもたらし、その成果や称賛の声は毎年のように報告されている。モールトンの音楽教育は校内活動に留まらず、生徒たちが地元の教会で奏楽やクワイア、日曜学校指導において貢献し、また何より一八九七（明治三〇）年から開設された聖書科の卒業生に、伝道活動に有効な技能を付与することになった。音楽が人々に喜びを与えるだけでなく、演奏する者の

「精神を高める力がある」というのも彼女の信念であった。

モールトンは音楽科の指導だけでなく、毎日一つの学年のバイブル・クラスを担当し、また可能な限りで英語科も教えた。一八九七年を例にとると、毎朝、本科三年の聖書授業と英語購読を担当、そのほかは音楽授業。週一回、本科二年の英作文も担当している。一九〇四年度「私の時間は、四一コマの授業と作文添削のための多くの時間で、ほぼ費やされている」と書いている。生活全体が教育に捧げられ、その柔和で快活な人柄を通して多くの生徒を信仰と活動に向け育て導いた。モールトンの学外での働きは十分明らかではないが、一九〇三（明治三六）年にプロテスタント教会五派によって構成された讃美歌委員会が編集した、最初の共同日本語訳讃美歌（一九三一年まで使用）の出版に、彼女も係わったことは記憶されるべきであろう。四八〇編中「四〇〇以上の讃美歌の校正を手伝えたことは光栄なことであった」と、伝道局宛て報告書で彼女は述べている。

一人で担ってきた音楽教育を一八九七年からは、助教師であった教え子の林貞子が分担するようになり、多忙なモールトンも、着任一〇年目の一八九八年から最初の休暇をとることができた。六五歳になったミーチャム師が横浜ユニオン教会の牧師を辞したこともあり、一〇月に一家で帰国しカナダで一年間の休暇を過ごした。一八九九（明治三二）年九月に日本に戻ってきた時から、ミーチャムが東京・鳥居坂のカナダ・メソジスト神学校の校長になったため、モールトンは姉夫婦と離れフェリス校内に住むようになる。しかし姉は一九〇一（明治三四）年一一月に東京で没し、ミーチャムは青山学院神学部教授に転出した後、一九〇二年に引退、帰国した。一人になったモールトンであるが、ますます宣教、教育に全霊を注いで充実した日々を過ごした。一九一五年度の報告でも、彼女は講読や英作文の授業はもちろん複数のバイブル・クラスをもち、日曜日は横浜ユニオン教会の音楽を手伝いつつ、四六人からなる学校の日曜学校も担当しており、生徒と共に慈善活動にも取り組んでいる。

モールトンは晩年、癌の手術を受けたというが、ほとんど影響がないかのように全力でしかも楽しく職務を果たし、そして彼女にふさわしい最期を迎えることになる。一九二二年度の伝道局宛て報告書は「五月二五日のミス・モールトンの長い歌唱指導の生涯の締めくくりほど、悲しくも美しく印象的な出来事はないだろう」と彼女の最期を伝えている。その夕、午後八時半から講堂で、横浜在留外国人主催の文芸音楽会が催された。モールトンは生徒の一団を連れてこれに参加した。幾つかの歌を合唱して喝采を博した後、最後の歌、キングスレー詩「別れ」(Farewell)の曲に移り、途中まで歌ったところで、モールトンのピアノ伴奏がパタリと途絶え、絶命したのである。苦しみのない心臓まひであった。翌日学校で別れの会があり、二七日横浜ユニオン教会で葬儀が行われ、そして横浜外国人墓地に葬られた。

(鈴木美南子)

【参考文献】

秋岡陽「ジュリア・A・モルトン着任の背景」『あゆみ』(フェリス女学院資料室紀要)第六六号　二〇一三年

A・V・N・モルトビー

Maltby, Anne Van Nesa　生没年不詳

（BG）

◇司祭と結婚し女学校開設

モルトビーは子供時代にパイオニア・ミッション・バンドに参加するなど早くから宣教師に関心を抱いていた。ボストンの音楽学校に学び、一八七五（明治八）年WUMSより宣教師として派遣され横浜の共立女学校で女子教育に従事した。

一八七七年四月二日、米国聖公会日本伝道主教C・M・ウィリアムズ（Williams, Channing Moore 1827-1910）の司式により、司祭クレメント・T・ブランシェーと結婚。これに先立ってモルトビーはブランシェーから再洗礼を受け、ウィリアムズから堅信礼を受けている。ブランシェーは一八七三（明治六）年米国聖公会内外伝道協会外国委員会から派遣され来日し、築地居留地の私塾「立教学校」で英語の授業を担当していた。

ウィリアムズ主教は女子教育についての構想を持っており、既に女学校教師の経験のあるモルトビーとの結婚を機に、ブランシェー夫妻に東京での女子教育にあたる大任を託した。

一八七七（明治一〇）年九月、二人の湯島の住居で立教女学校（現立教女学院）が開設された。

初代校長に就任したブランシェーには司祭として東京各所の教会での任務もあり、日常の校務に携わることは困難であったであろうから、校長としての実務の大半は妻に任されていたものと思われる。

ミセス・ブランシェーは女学校で聖書と音楽を教え、生徒父母のためのバイブル・クラスを始めた。礼拝でオルガンを弾く生徒を養成し、神学校の学生にもオルガンのレッスンを行った。

当初六名の生徒と共に始められた東京の女子教育は、一八八三（明治一六）年のクリスマスに築地の地に三階建ての木造洋風校舎が完成するに至り、生徒数も二四名に増加した。

しかし、ブランシェー夫妻は健康を害したため職を辞し、一八八六（明治一九）年、二児を伴い横浜から帰国した。

（安部純子）

【参考文献】
Annual Reports of WUMS
H.M.J.Tenny "No higher Honor" Manuscript
『立教女学院百年小史』立教女学院　一九七七年
『立教学院史研究』第二号　立教大学立教学院史資料センター　二〇〇四年

エヴァリン・タッピング

Topping, Evelyn Bickel　1899 - 1983

◇横浜で生まれ、日本に骨を埋める

（捜真）

福音丸のビッケル（Bickel, L. W. 1866-1917）船長の娘として一八九九年横浜で生まれたエヴァリンは、姫路を根拠地として、瀬戸内海の島々をめぐる船の上で最初の一一年間を過ごした。子供の時に友達がいなくて、カニとばかり遊んでいた、と後年よく思い出を話したという。その後、アメリカに渡り、ニュートン・ハイスクールを経て、ボストンのニューイングランド音楽学校を卒業した。一九二一（大正一〇）年、アメリカン・バプテスト外国伝道協会婦人部から派遣されて捜真女学校の音楽教師となり、一九二五年まで音楽科の責任者を務めた。一九二五年七月、ウィラード・タッピング（Topping, Willard. F. 1899-1959）と結婚した。

ウィラードの父ヘンリー・タッピング（Topping, Henry 1857-1942）はアメリカン・バプテストの宣教師として、一八九五（明治二八）年一一月、妻ジェネヴィーヴ（Topping, Genevieve Faville 1863-1953）と共に来日し、東京学院で聖書と英語を教え、また教会活動を助けた。彼はバイブル・クラスに出席していた陸軍士官学校馬術教官の坂田祐（中学関東学院の初代学院長）

をキリスト教に導いた。盛岡中学では英語教員を務めている。来日前に米国シカゴで幼児教育を専攻し、ドイツで音楽を学んだジェネヴィーヴ・タッピングは、来日の翌年、東京築地居留地の自宅を開放して築地幼稚園を開設、一八九七（明治三〇）年保母の養成を開始し、日本のキリスト教保育の指導者となった。

エヴァリンは、一九二六（大正一五）年から二九年まで夫とともに関東学院で教えた後、アメリカに渡り、バークレー・バプテスト神学校で学んだ。夫妻は一九三一（昭和六）年から四一年まで姫路で伝道し、太平洋戦争の間はアメリカで過ごした。

一九四七（昭和二二）年夫と共に再来日し、一九五三（昭和二八）年まで関東学院で教えた。エヴァリンは三春台校地に創設された女子専門学校、引き続き短期大学で英会話の授業を担当し、課外活動としてバイブル・クラスを開いた。日本で生まれ育ったエヴァリンの日本語は日本人と変わらず、音楽を通じて様々な人と交流があった。女子専門学校のエヴァリンのクラスには一般市民に接する機会を求めていた皇女照宮が訪れることもあった。また、エヴァリンが親しくしていた皇太子の家庭教師ヴァイニング夫人の講演が行われたこともある。

一九五三年、健康上の理由で引退したが、一九五四年東京へ戻り、エヴァリンは一九五四年から五七年、一九六〇年から六二年まで目白のロゴス英語学校で教え、一九六四年から六五年までＹＷＣＡで教えた。

一九六七年カリフォルニア州アルハンブラのアサトン・バプテスト・ホームへ引退したが、そ

岩手公園

「かなた」と老いしタピングは
杖をはるかにゆびさせど
東はるかに散乱の
さびしき銀は声もなし

なみなす丘はぼうぼうと
青きりんごの色に暮れ
大学生のタピングは
口笛軽く吹きにけり

老いたるミセスタッピング
「去年《こぞ》なが姉はこゝにして
中学生の一組に
花のことばを教えしか」

弧火燈《あーくらいと》にめくるめき
羽虫の群のあつまりつ
川と銀行木のみどり
まちはしづかにたそがるゝ

の後も音楽、教会関係のグループで活発に活動した。

日本を愛したエヴァリンの遺骨は娘バーバラ・フリデール(Fridell, Barbara M.)によって多磨霊園のタッピング一家の墓地に埋葬されたが、二〇一四年一一月、グレセット師の遺骨とともに武蔵野霊園・東京共同墓苑に改葬された。

関東学院大学金沢八景キャンパスには、短期大学で教えたエヴァリン・タッピングが、夫ウィラード・タッピングを記念して寄付した基金を中心に、他の寄付金を加えて防火用水を整備した「タッピング・ポンド」がある。タッピング一家の長年にわたる貢献に感謝を表すものである。そこには宮沢賢治の「岩手公園」の詩が刻まれている。

（小玉敏子）

【参考文献】
日野綾子『豊かなる流れ』新教出版社　一九九三年
関東学院 学院史編纂委員会編『関東学院の源流を探る』関東学院　二〇〇九年

第四章

社会文化活動に携わった宣教師

茶再生工場　（開港資）

《日本人に寄り添った女性宣教師たち》

女性宣教師の働きをみると、ミッション・スクールを設立し教育活動を展開するほかに、出版物の発行を通してキリスト教を布教し、保育所や小学校の設立を行なった。また視覚障害者への活動、ハンセン病患者の救済、陸海軍人への伝道、医療活動等社会文化的活動は多方面にわたった。これらの中で注目すべきものを挙げると、ドレーパーが盲人福音会を設立、現在中区の丘に横浜訓盲院として発展している。ヴァンペテンは、婦人伝道者養成学校や保育園の創立に尽力、混血児たちを養育したヴィーレ、医療活動に従事したケルシーとその教え子たち、社会文化活動に影響を与えたＹＷＣＡの活動などを見ることができる。

ハンセン病では、第二次大戦後特効薬プロミンが発明されて病気が完治するに至ったが、それ以前コンウオール・リーが草津において、一九一六（大正五）年聖バルナバ・ミッションを設立、差別と偏見に苛まれていた患者に寄り添い、熱心な伝道により湯之沢で導いた信徒数は一〇〇一名に達した。その後、逗子に在住し教会や海員伝道を支援した。エステラ・フィンチは、日本人は「キリストの贖罪の福音」を理解しないとして、日本伝道に見切りをつけ帰米しようとした時、黒田惟信《これのぶ》牧師に出会い、「軍人には軍人の教会が必要である」との持論に共鳴、「日本陸海軍人伝道義会」を立ち上げ黒田と共に日本人になりきって伝道、星田光代と改名、三〇年間で改宗者一〇〇〇人といわれ横須賀の地で軍人伝道に一生を捧げた。

（岡部一興）

▼第一節▲日本語出版物の発行

ソフィア・マクニール

McNeal, Sophia B.　生没年不詳

◇『よろこばしきおとづれ』の発行

マクニールは、米国ミシガン州コールドウォーターの出身で、米国婦人一致外国伝道協会（WUMS）の派遣により一八七六（明治九）年七月に来日した女性宣教師である。同協会が横浜に設立した共立女学校に赴任し、日本で最初のキリスト教児童雑誌『よろこばしきおとづれ』を創刊する。

『よろこばしきおとづれ』は一八七六年一二月から一八八二（明治一五）年二月まで月刊誌として六三冊が発行された。米国ブルックリンに本部を置く外国日曜学校協会（The Foreign Sunday School Association）からの資金援助を受け、植村正久、井深梶之助、吉田信好、熊野

雄七らが協力し、横浜山手にあったバプテスト教会宣教師ネーサン・ブラウンの活版所で印刷された。創刊号の一八七六（明治九）年一二月号と翌年一八七七（明治一〇）年一月号は各五〇〇部、二月号から一二月号は各一〇〇〇部印刷されたことが、バプテスト・ミッションの年次報告書に記載されている。

『よろこばしきおとづれ』は、十数頁ほどの小雑誌であるが、聖書を題材とした訓話、欧米のキリスト教世界の話、アジア・アフリカの伝道地の話、世界の自然や気候風土の話、讃美歌など盛りだくさんな内容で、版画の挿絵も目を引く。明治初期の出版物に共通する「外国の地名と人名に傍線を引く」という特徴が『よろこばしきおとづれ』にも認められ、日曜学校等の場で、宣教師を通して、日本の子どもたちに配布された。読者である子どもたちの世界地理や西欧文化に対する興味を喚起する工夫が見られる。

地理教育的な読み物としてシリーズ化されたものもある。「天然の奇観（Wonders of Nature）」は、世界各地の珍しい景観や自然現象を取り上げ、その土地の様子を紹介した地誌である。九回にわたって連載されている。北極海の氷山、アイスランドの間欠泉、イタリア・ナポリのベスビオ火山、アフリカの砂漠など、日本の子どもたちにとって未知の世界がわかりやすい文章と挿絵

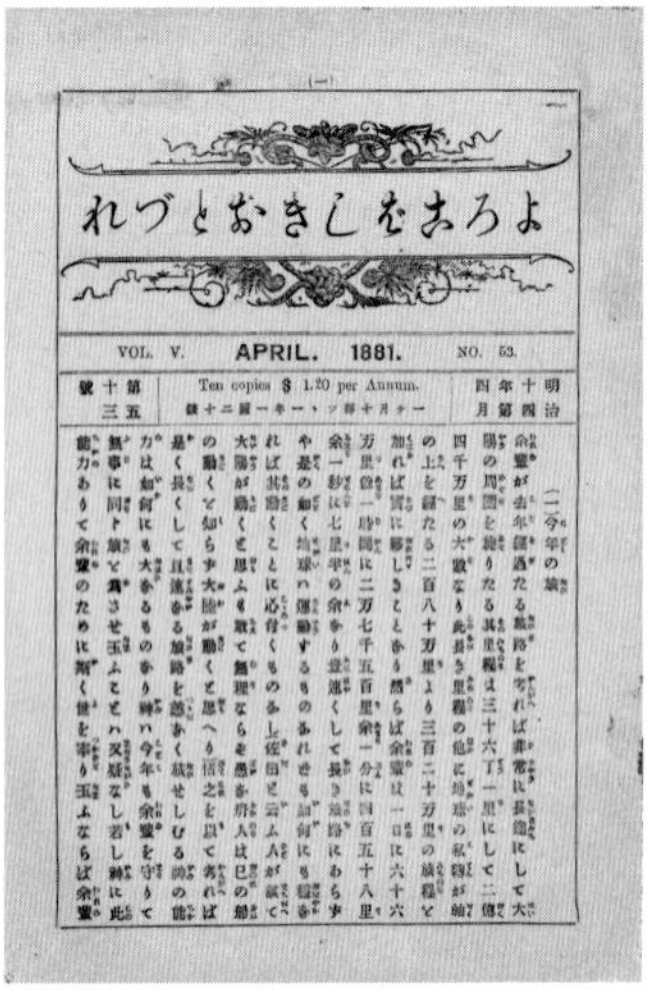
よろこばしきおとづれ

VOL. V.　APRIL.　1881.　NO. 53.

明治十四年四月　Ten copies $ 1.20 per Annum.　一ヶ月十錢ツヽ一年一圓二十錢　第五十三號

『よろこばしきおとづれ』（明学）

によって紹介されている。

ＷＵＭＳの機関誌 *The Missionary Link*（*Missionary Crumbs* の後継誌）の一八七七年五月号には、「読み物の多くは米国の日曜学校機関誌の記事を訳したものであるが、『よろこばしきおとづれ』の発行に強い関心を抱いている聡明な一人の日本人の若者が翻訳をしている」とのマクニールからの報告がある。創刊号より *Glad Tidings* という英語のタイトルが併記され、第一六号からは英文の目次も掲載されている。これは配布を担っている宣教師たちへの便宜を図ってのことであろう。

常連の寄稿者には、米国メソジスト監督派教会宣教師メリマン・ハリス（Harris, Merriman Colbert）の妻フローラ（Harris, Flora Lydia）とブラウン塾に学んだ英学者高橋五郎がいた。フローラ・ハリスは著述を得意とし、彼女が英訳した紀貫之の『土佐日記』は国立国会図書館に現在も保存されている。

マクニールは、一八七八（明治一一）年一一月、東京築地へと転居する。『よろこばしきおとづれ』の発行を継続するとともに、共立女学校に学んだ桜井ちかが創立した桜井女学校（女子学院の前身）を支援した。加えて、築地から程近い石川島にあった監獄を、桜井ちかとともに、しばしば慰問していた。*The Missionary Link* の一八七九年五月号には、その模様が次のように報告されている。

「およそ千人の囚人が収監されており、その中には南の薩摩出身の者たちがいる。彼らは最近の反乱に加担した謀反人であるが、多くが知的で教養豊かである。聖書が読みたいという彼らの要望に応えて、私は横浜にある聖書協会の倉庫から聖書を取り寄せた。私たちはこれまでこの監獄を数回訪れている。」

最近の反乱とは、一八七七(明治一〇)年の西南戦争のことである。この戦に加わった旧薩摩藩士は、国事犯として全国の監獄に収監された。西南戦争の参戦者には、西郷隆盛が創設した「私学校」に学んだ者が多かった。私学校は、外国人教師を採用するなど、積極的に西欧文化を取り入れていたことが知られている。

一八八〇(明治一三)年一月、マクニールはアメリカへと帰国する。牧師三浦徹が『よろこばしきおとづれ』の発行を引き継ぎ、後継誌『喜《よろこび》の音《おとづれ》』へと至る。一九一八(大正七)年まで外国日曜学校協会は資金の援助を続けた。

マクニールの在日期間は三年半と短いものであった。しかし、その活動は、日本で最初のキリスト教児童雑誌の創刊、女子教育への尽力、監獄の慰問、聖書の普及と多岐に渡っていた。

(齋藤元子)

【参考文献】
齋藤元子「『よろこばしきおとづれ』—地理教育からみた明治初期のキリスト教児童雑誌—」明治学院キリスト教研究所紀要四〇 二〇〇七年
柿本真代「『よろこばしきおとづれ』児童雑誌の源流」キリスト教社会問題研究六一 二〇一三年

ジョージアナ・ボーカス

Baucus, Georgiana　1862 - 1926

◇「常磐社」を起こしたジャーナリスト宣教師

（CL）

ボーカスは、メソジスト監督派教会女性海外伝道協会（The Woman's Foreign Missionary Society of the Methodist Episcopal Church）ニューヨーク支部の派遣により、一八九〇（明治二三）年七月に来日した女性宣教師である。来日前は小学校教師で、メソジスト監督派教会女性海外伝道協会により設立された函館、弘前、米沢の女学校で約五年間教鞭をとった。その後アメリカに帰国するが、日本の女性と子どもに向けた文書による伝道活動を志し、帰国の途上で知り合ったエマ・ディキンソン（Dickinson, Emma）とともに自給宣教師として再来日する。

一八九七（明治三〇）年、横浜の山手に常磐社《ときわしや》という出版社を起こし、雑誌『常磐』や数多くの邦文書籍を発行した。この出版活動は、いずれの教派においても、女性宣教師の活動として日本では類を見ないものであった。日本在住期間は、三〇年以上に及んだが、その大半は出版活動に費やされた。一九二三（大正一二）年九月に起こった関東大震災により、築いた常磐社は壊滅的な打撃を受け、閉鎖を余儀なくされた。ボーカスは、ディキンソンとともに日本を離れ、マニラを経てアメリカへ帰国する。カリフォルニアで日本向けの出版活動を続けようとしたが、実現しないまま、一九二六年四月八日六三歳で死去した。ボーカスとディキンソンの死後、二人の遺産一万二〇〇〇円が日本に寄贈され、銀座のキリスト教書店教文館内に、女性のための読書・休憩室を設けることに用いられた。

常磐社は百余りの出版物を世に出したとの記録があるが、常磐社の出版物の中心をなしていたのは、月刊誌『常磐』であった。『常磐』は、一八九七（明治三〇）年一二月に創刊準備号にあたる特別号が出され、翌九八（明治三一）年一月から第一号がスタートした。その後、一九二三年九月一日の関東大震災による廃刊まで、月刊誌として発行され続けた。

ボーカスは、平仮名しか読めない女性でも楽しめる雑誌として『常磐』を刊行することを志した。そのために、全誌面のほぼ全ての漢字に、ルビがふられている。第一号の巻頭に掲げられた「新年の祝詞」の中に、『常磐』の編集方針が示されているが、要約すると、『常磐』が目指したのは、キリスト教信仰に基づく生活の提示であった。具体的には、日本の伝統文化によって育まれてきた旧来の日本女性の生き方にも、学ぶべき点が多くあることを認識し、欧米諸国との交流によってもたらされた新しい知識や情報を盲信することなく、双方の利点を掬《すく》い上げて紹介しようという姿勢が打ち出されている。それは、「近代化」という名のもとに欧米のライフスタイルの模倣を奨励した欧化主義とは、明らかに異なる姿勢である。西欧的価値観の一方的な押し付けではない雑誌作りを目指したことが、『常磐』の二五年余りに及ぶ刊行を可能にした一つの要因となったことは疑いない。

『常磐』の発行部数は五〇〇部から八〇〇部と多いものではなかった。それゆえに、日本の女性雑誌ジャーナリズムに関するこれまでの研究において、『常磐』に言及したものは見当たらない。『常磐』創刊から一〇年後の一九〇八（明治四一）年、羽仁もと子・吉一《よしかず》夫妻により、キリスト教信仰を基盤とする中産階級の家庭婦人の啓蒙を目指した『婦人之友』が創刊される。『婦人之友』は、今日も代表的な女性雑誌の一つとして発行され続けているが、『常磐』とは複数の共通点がある。両誌が生活の基本をキリスト教信仰においている点は言及するまでもない。『婦人之友』は「明治期の良妻賢母主義が支配的な環境にあって、女性雑誌の新生面を開拓し、生活レベルでの様々な事柄を扱った画期的な雑誌であった」という評価を、今日得ている。この評価は、そのまま『常磐』に当てはまるものであり、『婦人之友』よりも一〇年先行していたという点は、女性雑誌ジャーナリズムの歴史を論じる際、無視できない事実である。

ボーカスは、常磐社の出版物を通じて、キリスト教のみならず、料理、育児、文学、絵画、音楽、旅行など様々な角度から西欧文化を紹介する一方、本国アメリカに向けて、日本の様子を頻繁に報告も行っていた。それらの報告は、メソジスト監督派教会女性海外伝道協会本部が発行する月刊の機関誌 *Woman's Missionary Friend* に掲載され、広く会員に読まれた。女性宣教師の伝道地報告は、自らの活動の報告に加え、歴史や風俗習慣、名所旧跡などを紹介したものが多い。そのなかでボーカスの報告は、日本の時事問題や世相を取り上げている。機関誌 *Woman's Missionary Friend* に掲載されたボーカスの明治末年までの報告を挙げてみると、「日本の嫁と姑」（一九〇〇年八月号）、「皇族の結婚式」（一九〇〇年十月号）、「日本は異教国か？」（一九〇〇年十一月号）、「第五回日本博覧会」（一九〇三年十月号）、「戦時下の日本」（一九〇五年一月号）、「横浜における兵士への奉仕」（一九〇五年四月号）、「日本の陸軍病院」（一九〇六年一月号）、「日露戦争」（一九〇六年一月号）、「横浜五十年祭」（一九〇九年十一月号）、「日本が喪に服した日」（一九一二年十月号）と、邦訳したそのタイトルからだけでも、時事問題や世相を扱ったものが多いことがわかる。

例えば「横浜における兵士への奉仕」では、出征兵士の見送りや慰問袋の製作などに奉仕する横浜の女性たちを訪問し、自らもその奉仕に加わりながら、彼女たちの活動を取材した。横浜の女性たちは、日露戦争開始直後の一九〇四（明治三七）年二月横浜奨兵義会婦人部を結成し、出征兵士の見送りと家族の慰問を中心に、慰問品としての鰹節・でんぶの寄贈、募金の徴収、戦死者の会葬などを行っていた。委員長は、一九〇一（明治三四）年に傷病兵・遺族の支援を目的に組織された愛国婦人会の県支部幹事であった渡辺たまが就任し、横浜市内を五区に分け、各区四〇人の委員の下、約一万五〇〇〇人の女性が活動した。第四区の委員であった二宮ワカは、メソジスト監督派教会の教会員であり、一八八一（明治一四）年貧しい未就学児童のために警醒小学校を設立するなど社会福祉に力を尽くしていた。ボーカスは、東海道線の神奈川駅に赴き、二宮ワカとともに、聖書の言葉を記した熨斗つきの菓子袋を兵士に手渡した。「奉仕の女性たちは、何時何分に列車が到着し、何人の兵士が乗車しているか正確に把握しており、慰問品に過不足が生じることは決してない」と、準備の周到さをボーカスは賞賛をもって記している。

常磐社の活動やアメリカへの報告から見えてくるボーカスの姿は、ジャーナリスト宣教師と呼べるものである。

（齋藤元子）

【参考文献】
クランメル・J・W編『来日メソジスト宣教師事典　一八七三〜一九九三年』教文館　一九九六年
齋藤元子「米国メソジスト監督派教会女性海外伝道協会による明治期の日本における文書活動——雑誌『常磐』を中心として」ウェスレー・メソジスト研究二　二〇〇一年
齋藤元子『女性宣教師の日本探訪記——明治期における米国メソジスト教会の海外伝道』新教出版社　二〇〇九年

エマ・ディキンソン

Dickinson, Emma E. 1844 - 1926

（CL）

◇文書による伝道活動

ディキンソンは、日本の女性と子どもに向けた文書伝道を志し、一八九七（明治三〇）年、ジョージアナ・ボーカスとともに来日したメソジスト監督派教会女性海外伝道協会所属の自給宣教師である。

米国ニューヨーク州フェアポートの生まれで、父親のチャールズ（Dickinson, Charles）は一八四〇年に初めてフェアポートに誕生した図書館の初代館長であった。ディキンソン自身も、来日以前、姉らと自宅で私設図書館を運営していた。マウント・ホリヨーク・フィーメイル・セミナリー（Mount Holyoke Female Seminary）の出身で、同校は多くの女性宣教師を輩出し、女性宣教師設立女学校のモデルとなった学校として有名である。学校史によれば、ディキンソンは、一八八二年の秋、五百ドルを同校に寄付し、校内の植物を保護するための温室を設置する資金として用いられた。また、一九一六年に建設された学生寮はディキンソンに敬意を表して一九三一年に「ディキンソン・ホール」と命名され、現在も活用されている。

一八九五年、私設図書館をともに運営していた親友エリザベス・ダウド（Dowd, Elizabeth）とエルサレムを訪れるが、ダウドは当地で病魔に襲われ死去する。失意の滞在中、日本からの帰国の途上にあったジョージアナ・ボーカスと出会い、日本での文書伝道を志すボーカスに共感して、日本に赴く決意をする。

一八九七（明治三〇）年、ボーカスと横浜の山手に常磐社という出版社を起こし、雑誌『常磐』や数多くの邦文書籍を発行した（雑誌『常磐』の詳細は、ジョージアナ・ボーカスの項参照）。ディキンソンが執筆した書籍には、『何故こどもは死にましたらふか』（明治三五年）、『我何を汝に与ふるべきか汝求めよ』（明治三五年）、『左れども彼は癩病をわづらい居る』（明治三六年）などの伝道書があり、いずれも数年後に第二版が刊行されている。

常磐社は雑誌『常磐』創刊時に、二人の日本人ヘルパーを採用している。一人はディキンソンとボーカスが日本について学習する際の補助者であり、もう一人は記事を書く際の補助者であった。さらに一年以内に七人の翻訳者を雇用している。

『常磐』は①ディキンソンとボーカスが平易な英語で原稿を書く。②英文原稿を日本人が翻訳する。③ディキンソンとボーカスが翻訳をチェックする。④日本人に翻訳原稿の批評と校閲を依頼する。⑤印刷。という編集プロセスを経て、刊行された。よって、前記の伝道書も『常磐』と同様のプロセスで作成されたと推察できる。

これらのヘルパーや翻訳者の全員が女性であった。ディキンソンとボーカスが翻訳者に求めたのは、英語の理解力に加えて、料理・育児・衛生などについての素養である。この要件を満たしていたと考えられるのは、女性宣教師により設立された女学校の卒業生である。ディキンソンとボーカスは、横浜周辺に居住する女学校の卒業生が身につけている知識を社会的に活用する一つの試みとして、『常磐』のヘルパーや翻訳者として採用したと言えよう。

『常磐』の記事は大半が無記名であるが、ディキンソンの記名がある記事で興味深いのは、旅行記などの海外紹介記事である。『常磐』は、海外旅行記を「私たちは、読者の皆さんを一人残らず想像の翼に乗せて、一銭の費用も取らず、疲れを感じさせることもなく、世界漫遊の旅にお連れしたいと思います。皆さんは、居ながらにして、支那やインドやセイロンやヨーロッパ諸国を巡り、ビルマの不思議を見物し、西インドやハワイのココナッツと椰子の樹の下に座ることができるのです。また、米国民の日常生活を垣間見ることもできるのです。そして、旅を十分に堪能した後、再びこの美しく懐かしい我が大日本帝国に帰ってくるのです」と紹介している。

ディキンソンは、既述したように、旅先のエルサレムでボーカスと出会っているが、来日以前に様々な地を訪れていた。一九〇八（明治四一）年に朝日新聞が主催した世界一周旅行は、男性の同伴者として女性の参加を認めたが、参加者五四名中、女性はわずか三名であった。海外旅行がごく一部の特権階級においてのみ可能であった明治期において、ディキンソンの海外紹介記事は、まさに誰もが居ながらにして世界旅行を楽しみつつ、世界地理の知識を習得できる啓蒙的読み物であった。

ボーカス同様に、ディキンソンは、日本人に向けた文書伝道を行う傍ら、メソジスト監督派教会女性海外伝道協会本部が発行する月刊の機関誌*Woman's Missionary Friend*を介して、本国アメリカの会員に向け、日本の様子を報告していた。「日本人の心」（一九〇五年二月号）と「出血する傷口と痛む心」（一九〇六年一月号）は、いずれも日露戦争下の日本を伝えたものである。「日本人の心」では、故意に冷淡な言葉をもって息子を戦地に送り出す母親の心情を思いやり、「出血する傷口と痛む心」では、常盤社の出版物や聖句カードを携えて陸軍病院を慰問した際の様子を写真つきで報じている。

一九二三（大正一二）年九月に発生した関東大震災は、横浜にも多大な被害をもたらしたが、常盤社の社屋も倒壊した。ディキンソンは落下した屋根と天井の下敷きになり、四時間後に救出された。ストックされていた出版物はすべて失われ、常盤社は壊滅的な打撃を受けて、閉鎖を余儀なくされた。ディキンソンは、ボーカスとともに日本を離れ、アメリカへ帰国する。その後、再来日を果たせぬまま、一九二六年一一月六日カリフォルニア州パサディナにて死去。これはボーカスの死から七か月後のことであった。

ディキンソンとボーカスによって展開された文書による伝道活動（printed evangelism）は、いずれの教派においても、女性宣教師の活動として日本では類を見ないものであった。

（齋藤元子）

【参考文献】

クランメルJ・W編『来日メソジスト宣教師事典 一八七三〜一九九三年』教文館 一九九六年
齋藤元子「米国メソジスト監督派教会女性海外伝道協会による明治期の日本における文書活動——雑誌『常磐』を中心として」ウェスレー・メソジスト研究 二 二〇〇一年
齋藤元子『女性宣教師の日本探訪記——明治期における米国メソジスト教会の海外伝道』新教出版社 二〇〇九年

▼第二節▲社会福祉活動

アニー・ヴィーレ

Vielé, Annie　生没年不詳

（BG）

◇ヴィーレとチルドレンズ・ホーム

ヴィーレはニューヨーク州オルバニーのハウス・オブ・シェルター（女性保護施設）で奉仕活動をしていた時、WUMS支部総会で宣教師が必要とされていることを聞き、一八七七（明治一〇）年来日し、アメリカン・ミッション・ホームの混血児養育施設チルドレンズ・ホームで子供たちの養育にあたった。着任早々WUMS本部宛の第一信で次のように報告している。（抜粋）

「ホームは私の期待通りでした。美しい場所にあり、広々として快適です。今二五人の子供の世話をしています。子供たちが好きになるよう、良い先生になれるようにと願っています。」

続いての報告には

「私の家族には故国の子供と同じように色の白い子供もいます。活溌な子供もいます。どの子供も愛情に敏感で、性質も愛らしく、いつしか私の母性本能に入りこみ、もうずっと以前からの家族のように暮らしています。年齢や状況により味わう喜びはどこの国でも同じです。子供時代というのはなんと純真で幸せなのでしょうか。」

と記すほど子供たちを慈しんでいる。

ヴィーレは多くの記録を残していることから、この頃のホームの内容を詳細に知ることができる。子供たちは女学校と別棟の建物で西洋式の生活をしていた。夏季には小さな漁村富岡でお寺を借りて過ごしている。毎朝八時に朝食、その後は聖書の勉強、裁縫、読書、午後は海水浴を楽しむという日課である。聖書の勉強では目の前に広がる青い海からガリラヤ湖、船の上や浜辺で網を繕う漁師からペテロやヤコブを想像してイエスの生涯を学んだ。裁縫の時間には年齢に応じて出来る作業をこなし「天皇がお召しになってよいほど」素晴らしい冬用のキルトのガウンを仕上げた。

ヴィーレは子供一人一人をよく見守っていた。ケティはアメリカの友人の援助を受けて留学することになった。心の優しいケティがアメリカで必要な知識を学び、帰国したらミッショナリーを助けて大勢の人を導くことが出来ると期待したのである。エミリーはアメリカ人の父親、中国人の母親を持つ明朗な少女で、一一歳の時ホームの家族になった。一六歳になると、両親のいるシベリヤに帰り、不幸な環境の中にいる人達のために働きたいと決心した。ヴィーレは別れを悲しみながらも、ホームで学んだ他人の為に役立つことを実行しようとするエミリーを祝福して送り出した。

ヴィーレは子供たちの世話をする傍ら、日曜学校で教えたり、地方へ伝道旅行にも出掛けている。一八八二年結婚のため退職したが、適当な後任者がいなくなったために二年後再度来日する。一八八八（明治二一）年、娘アダが来日しホームで教えることになると後事を託して帰国する。おそらくヴィーレは再婚したのであって既に成人した娘アダがいたのであろう。ホームの子供たちを思うヴィーレ母娘の愛情が思われる。

混血児養育の目的で開設されたアメリカン・ミッション・ホームであったが、英語を学びたいと訪れる青年男女が年毎に増加していった。一八七二（明治五）年、山手のより広い土地を得て移転したのを機に経営方針を大きく転換し、女子教育専門の学校とすることに決め、混血児も女子に限定した。

一八九〇（明治二三）年、ヴィーレの後任としてＷＵＭＳから任命され来日したＪ・Ｄ・アルブローは山手居留地一五七番で寄宿制の"Industrial Home for Eurasian Girls"（女子欧亜混血児のための職業訓練ホーム）を開設する。チルドレンズ・ホームの子供たちもここへ移り、自活できるよう職業訓練を受けて巣立っていった。アルブローは一八九二（明治二五）年この施設を閉鎖し、メソジスト・プロテスタント・ミッションに所属すると、一年間現地契約の英語教師として横浜英和学校（クラインを校長とする男子部）で教えた後、帰国した。
チルドレンズ・ホームで子供たちの養育に当たった宣教師は三人の創立者　プライン、ピアソン、クロスビーに続いてガスリー、ベントン、トゥルー、モルトビー、フレッチャーそしてヴィーレ母娘である。

（安部純子）

リディア・E・（ベントン）バラ

Ballagh, Lydia Evelina (Benton) 1829 - 1884

（共立）

◇「お茶場学校」の設立と看護婦学校計画

リディア・E・バラは、一八二九年八月一九日に米国ニューヨーク州ウースターで生まれた。父はウィリアム・クッシング（Cushing, William）、母はベッツィー・クッシング（Cushing, Betsey Olmstead）といった。一〇人兄弟姉妹の六番目であった。一五歳の時に母を失った。クッシング家は、一六三八年に新大陸に渡ったピューリタンの旧家で、リディアの四代前のウィリアム・クッシング（1732 - 1810）は合衆国最高裁判所判事および第三代長官を務めている。

リディアは一八五二年八月一一日、オーランド・N・ベントン（Benton, Orlando Newell 1827-1862）と結婚した。オーランドは長老教会信徒で結婚後、ニューヨーク市のユニオン神学校に学び卒業後、ニューヨーク州アパラチンの長老教会牧師となった。一八五六年に夫妻は長女を得たが、生後間もなく召天した。その後、一女一男に恵まれ、平和な牧師家庭の生活を送っていたが、南北戦争が始まり、オーランドは一八六一年一〇月、三年任期の従軍牧師に志願し、ニューヨーク市で第五一歩兵連隊に入隊した。翌年、彼の所属部隊は海路南部へと進軍し、三月一一日、ノースカロライナ州ニューベーンで激しい戦闘が行われ、この時オーランドは重傷を負い、その傷がもとで同月一五日、戦場で亡くなった。(1) リディアの元には二人の幼子が残され、もう一人がお腹の中にいた。ところが一八六四年と六五年に相次いで二女と長男を亡くし、リディアは父の顔を知らずに生まれた二男で末っ子のオーランド（通称オルリー、Orlando Newell Jr. 1862-?）と二人だけの家族となった。

▼来日とマリア・トゥルー

その後のベントン母子の生活は不明であるが、彼女は一〇年余り経った一八七三（明治六）年にＷＵＭＳ本部に宣教師の志願書を提出した。この時リディアは一一歳の息子を本国に残しアメリカの教育を受けさせることにし、単身で日本へと向かった。同年一〇月二六日に横浜に到着し、アメリカン・ミッション・ホーム（現横浜共立学園）の教師となった。四〇代の新たな出発であった。

そのほぼ一年後の一八七四年一一月四日、WUMSから中国へ派遣され北京の女学校で教師をしていたマリア・トゥルーが、任地を変えて養女のアニー（True, Anna M. 1871-1932）を連れて来日し、ミッション・ホームの教師としてリディアの同僚となった。旧知の二人は日本での再会を喜び、協力して教育に当たり、西田（岡見）ケイ、加藤（鈴木）まさ、菱川やす、桜井ちかなど、後に明治社会において女性医師や看護婦、女子教育者として先駆的な活躍をした女性たちに大きな影響を与えた。

▼ジョン・C・バラとの再婚

リディアは暫くして、横浜で高島学校や市中修文館のお雇い教師をしていたジョン・C・バラと結婚し、同校およびWUMSを辞任した。一八七五（明治八）年七月一六日、リディアとバラはルーミス宣教師の司式で結婚式を挙げ、同月三〇日に二人揃ってアメリカ長老教会在日ミッションに加入した。バラはヘボン夫人が管理する「ミセス・ヘボンの学校」（ヘボン塾）の男子生徒を引き継ぐこととなった。

トゥルーもまた一八七六年に長老教会在日ミッションから勧誘を受け、東京の女子教育に携わることになり、WUMSを辞任し同時にアメリカン・ミッション・ホームを去った。

▼お茶場学校

一八七六年春、ヘボン夫妻は横浜居留地三九番の宣教師館から山手に転居し、代わってバラとリディアが同宣教師館に入居した。ヘボン夫人から引き継いだ男子部は「バラ学校」と呼ばれるようになった。女子部は引き続きヘボン夫人が指導し、二〇人近くの女子生徒が学び、生徒の数も増加傾向にあったことから、リディアはアメリカに帰国するルーミス夫人のジェーンに代わってヘボン夫人を応援した。

リディアは横浜居留地三九番に転居して暫くすると、居留地内で輸出用茶の焙じ工場で働く母親を、長時間外で待つ子供たちが気がかりとなった。当時、日本茶は生糸とともに日本の二大輸出製品で、横浜では外国商館が経営する工場で集荷された茶葉が焙じられてのち、海外に向けて出荷されていた。工場で働く女性たちは二〇〇〇人あるいは三〇〇〇人とも言われ、日中放置された子供たちが路上に溢れていた。リディアは一八七八（明治一一）年末に、宣教師館内にこうした子供たちを無償で面倒をみる託児所を設けた。リディアは若くして三人の幼い子供たちを亡くし、その思いが日本の貧しい子供たちへの眼差しとなった。その後、託児所の子供たちの数も増え、やがてこの施設は日本人の間で「お茶場学校」と呼ばれるようになった。

一八八〇（明治一三）年、「バラ学校」の東京築地居留地への移転が決まり、四月にはリディアも夫のジョンとともに横浜を離れ、東京へ転居することとなった。その結果、「お茶場学校」は、ヘボン夫人の学校の教師が兼務で世話をすることになった。丁度同じ時期に、学校の校舎移転が在日ミッションで認められ、住吉町教会の隣接の建物に移ることになり、併せて「お茶場学校」

も一緒に移転した(2)。

▼住吉学校

ヘボン夫人の学校は移転とともに「住吉学校」と校名を新たにし、近隣の男女児童を集め小学校課程の教育を行い、一方「お茶場学校」は住吉町教会の管理のもとで慈善事業として運営されることになった。この住吉学校は、その後も在日ミッションによって支えられ神奈川県認可小学校として継続されたが、一八九九（明治三二）年八月三日に出された勅令の「私立学校令」による私立小学校の廃止および文部省訓令第一二号による一般教育における宗教教育の禁止令によって、廃校を余儀なくされた。またこの時「お茶場学校」も同時に廃止された。リディアの子を思う気持から始められた「貧民学校」は、二〇余年にわたってミッションの事業として継続されたが、政府によるキリスト教抑圧政策のもとでその活動に終止符が打たれた。

東京に転居したリディアは暫くして重い肺炎に罹り苦しい闘病の日々を送った。ようやく病が癒えると、療養中十分な看護を受けられなかったことから、日本における看護婦養成の必要性を感じ、海外伝道局に対して早急に看護婦学校を設立するように働き掛けを始めた。

アメリカに残して来たリディアの二男のオーランドは、一八八〇（明治一三）年にマサチューセッツ州の名門ウィリアムズ・カレッジに進学したが、一年次を終えたところで健康を害し大学を中退し、一八八二（明治一五）年九月、日本にいる母の元へ保養のためにやって来た。オーランドは早速、義父のジョン・バラが校長を務める築地大学校の教師に採用され、英学を担当しその後、東京大学、一高、同志社でも教え、二度にわたり世界旅行を試み一八九二年にアメリカに帰り、ニューヨーク州バッファローで私立学校の校長を務めた。(3)

リディアは遠く離れていた一人息子を日本に迎えて喜びに浸っていたが、夫のジョンが心臓を悪くしたため、自身の休養も兼ね賜暇休暇をとって本国に一時帰国することにし、一〇月二〇日、ジョンと共にアメリカに向かって横浜を出航した。しかし、この時息子のオーランドはこの別れが母との一生の別れになろうとは思いもよらなかった。

リディアはアメリカに着くと、各地で日本における看護婦学校の必要性を説いて回った。その一年後の一八八三（明治一六）年一〇月二三日、トゥルーも体調を崩し賜暇休暇を得て、一二歳になったアニーを連れてアメリカに向け日本を発った。一〇年振りの本国帰国であった。バラ夫妻は一年余の休暇を楽しみ、いよいよ日本に戻る計画を立てると、リディアは一八八四年一月、フィラデルフィアの長老教会フィラデルフィア婦人伝道局を訪ね、かねてから伝えていた看護婦学校の設立計画について説明し、全面的な援助を請願した。幸い伝道局からは前向きな回答を得たが、その直後、リディアはフィラデルフィア滞在中に肺炎を起こし、同月一三日急逝した。享年五四歳であった。葬儀は一六日フィラデルフィアで行われ、一旦市内のモニュメント墓地（Monument Cemetery）に埋葬されたが、三月二日に夫ジョンによって前夫オーランドと子供たちの眠るオウィーゴ墓地に改葬された。(4)

トゥルーは本国に帰ると、両親および亡夫アルバートの墓参りのためにオウィーゴを訪ねたが、図らずもそれはリディアの墓参りとなった。トゥルーはリディアの墓前で彼女の看護婦学校計画に対してその実現に全力を尽くすことを誓い、彼女の「遺志」を継ぐことを約束した。

▼トゥルーの約束

一八八六（明治一九）年一二月、トゥルーや彼女に賛同した女性宣教師アンナ・K・ディビスらの努力によって桜井女学校内に看護婦養成所が開校した。しかし、伝道局の援助が続かず、二年後に閉鎖となった。その後、トゥルーは体調を崩し再び休暇を得て、一八九一年四月一一日にアメリカに一時帰国した。本国に帰ったトゥルーは看護婦学校の再開を訴え、伝道局に資金援助を求めたが協力を得ることが出来なかった。そのため彼女は遂に一八九二（明治二五）年七月、長老教会宣教師を辞任し、自身で看護婦学校の設立を目指した。幸いフィラデルフィアの実業家モリス氏夫人の援助の申し出があり、一八九四年に淀橋角筈《よどばしつのはず》に療養施設の衛生園と称する建物を建てた。トゥルーはここに看護婦学校の設立を計画した。しかし、東京府にはまだ療養という概念がなく、衛生園そのものの申請が却下され開園出来ず、看護婦学校の計画も進展を見ない中でトゥルー自身が持病を悪化し、ついに一八九六（明治二九）年四月一八日、衛生園で死去した。リディアと一歳違いの享年五五歳であった。二〇日に葬儀が行われ青山霊園に埋葬された。リディアの遺志は、その後、かつてのリディアとトゥルーの教え子たちによって叶えられ、一八九八（明治三一）年に衛生園看護婦養成所が開校された。しかし、衛生園の経営が軌道に乗らず、一九〇六（明治三九）年閉鎖となり、同時に看護婦養成所も廃校となった。（中島耕二）

【注】

（1）Record of Evergreen Cemetery, Owego, Tioga County, New York, USA. "History of 51 Infantry Regiment Civil War Shepard Rifles"by New York State Military Museum and Veterans Research Center.

（2）内藤知美「横浜お茶場学校の成立とその意味―明治前期の保育・託児事業の試み―」『あゆみ』第四七号（フェリス女学院資料室、二〇〇一年）八～九頁。原本は、"Woman's Work for Woman" No. 10, 1881, p343.

（3）Record of Binghamton High School, Class of 1880 p1

（4）Report of Paul R for Lydia Evelina Cushing Ballagh (Information from Philadelphia, Pennsylvania, Death Certificates Index, 1803-1915).

シャーロット・ピンクニー・ドレーパー

Draper, Charlotte Pinckney 1832 - 1899

（訓盲）

◇視覚障害者への教育と伝道に尽力

シャーロット・ドレーパーが、牧師だった夫のギデオン・ドレーパー・ジュニアと共にひとり息子のギデオン・フランク・ドレーパー一家に会うために横浜に到着したのは一八八九（明治二二）年である。[1] 息子も宣教師で、妻のマイラ・エニド・ヘイブンと一八八〇（明治一三）年に来日し、一八八八（明治二一）年から横浜地区の教区長として山手に住んでいた。[2] 病身の夫は、船の長旅がたたったのか来日後七週間足らずの一二月八日に死去する。

日本残留を決心したシャーロットは、「日本でできる何か仕事をあたえて下さい」と祈ったという。[3] 夫もその父も聖職者で、教会を手伝った経験から外国人宣教師夫人会で伝道を助ける。このころ、横浜も米価の高騰やコレラの流行で困窮者が増加した。この状況にシャーロットは、亡き夫との五月の結婚記念日に困窮者に食事を供給したいとカロライン・ヴァンペテン（次項参照）に相談する。伝道会の人や友人の協力で、聖経女学校校庭で給食を行ない、多くの人が集まった。新聞報道もされ、寄付も集まる。これを機に、横浜婦人慈善会は太田町仮事務所を施米所にあて、相沢、戸部、扇町に救済所を設けて施米施飯、金品を給与することにした。この恩恵に浴した人は二七九五人にも上るという。(4)

これに先立つ冬の夜、視覚障害者が生計のためにあん摩や鍼灸の客を求める流し笛を聞く。呼び入れると田中きくという少女で、その話から障害者たちの環境の悪さ、孤独な状況を知る。(5)アメリカでは一八三二年にパーキンス盲学校が設立され、当初不用といわれた幼稚園児教育もすでに始まっていた。シャーロットは視覚障害者の保護と教育を始めようと決心する。

当時、障害者に教育や文化的環境が必要と思う人は少なく、障害者も同様だった。東京英和女学校（のちの青山女学院）の卒業生がシャーロットを手伝ってくれたので、シャーロットは卒業生を東京盲唖学校に送り、教授法を学ばせる。彼女が戻り中村町の家で準備を始めたとき、一人の少女が学校に来たいとあらわれた。最初の生徒である。九月二六日に感謝祈祷会が開かれ、盲人福音会が女生徒五人で発足した。盲人教育は手探りで、パーキンス盲学校から取り寄せた教材も用い、日常生活に必要な知識の習得を優先させた。資金集めも苦労だった。盲人福音会は伝道にも力を入れ、一八九三（明治二六）年の『護教』には

「不老町二丁目福音館楼上に設置せり教員は東京盲唖学校卒業生島貞助君青山英和女学校卒業生大村竹千代子医師木村某君等にして目下生徒の数は二十余名に過ぎざれども漸々増加するの趣あり」(7)

とある。ただ「ほどこし」を受けるためだけに訪れた者のなかから熱心に学ぶ者、入信する者が

増えた。

盲人福音会が軌道に乗り始めた一八九五（明治二八）年、息子ギデオンが転勤になり、シャーロットも一家とともに函館に移った。函館でも盲学校の分校を創りたいと七九円の寄付を集めていたが、高齢と言葉の問題から、創始に関わったのはマイラ、函館遺愛女学校校長のデカルソンと函館美以教会の人たちだった。以後、函館訓盲会は函館遺愛女学校の分校のように扱われ、教師もボランティアとして協力し、一九〇一（明治三四）年に函館訓盲院と改称した。

晩年は、マイラを助け、孫たちの面倒を見て過ごし、一八九九（明治三二）年四月七日に死去、夫の眠る青山墓地に葬られた。死の数日前、会員であり盲人福音会設立時に金銭的援助をしてくれたニューヨーク・コンファレンス・メソジスト・エピスコパル教会に手紙を送っている。(8) 要旨は横浜の学校の創設時の苦労やその後の経過を述べ、今も運営費が不足し、入学希望者が全員入れる寄宿舎建築も必要なので、援助してほしいと訴えた。その年の夏、ギデオンが横浜に転勤、マイラは遺志を継ぎ横浜の学校運営に力を入れた。盲人福音会は一九〇〇（明治三三）年一〇月、神奈川県から私立学校の認可を受け、横浜基督教訓盲院と改称した。

（中積治子）


【注】
（1）シャーロットの生年、夫妻の来日年、ギデオン・ジュニアの没年について、資料により年が異なっている。夫は来日後、数週間で死亡しているので、青山霊園外国人墓地にある墓碑から来日時等を判断した。
（2）ギデオン・フランクは宣教師として転勤が多く、八〇～八二年は横浜、八六～八七年は函館、八八年～九二年は横浜、九三年～九四年は信州で九五年に函館に行く。

（3）マイラ・ヘイブン・ドレーパー「盲人への光」北海道函館盲学校所蔵
（4）森和平編『露香――稲垣寿恵子小伝』マンノー社　一九二九年／横浜商業会議所編『横浜開港五十年史』一九〇九年
（5）『光を求めて九十年　横浜訓盲学院横浜訓盲院の歩み』横浜訓盲院、横浜訓盲学院　一九七九年／芹沢勇『神奈川県社会事業形成史』神奈川新聞厚生文化事業団　一九八六年
（6）東京盲唖学校は一八七五年に、有志六人が盲人教育のための楽善会を発足させたのが始まり。一八八六年に文部省に移管され、官立学校となった。
（7）『護教』第一二二号　一八九三年一一月四日
（8）「ピンクニー・ドレーパーの死に至る前の言葉」北海道函館盲学校所蔵

カロライン・ヴァンペテン

Van Petten, Caroline Waughop　1854 - 1916

◇横浜で伝道と社会事業の先頭にたつ

（青山）

ヴァンペテンは米国のイリノイ州の生まれ。両親は教育熱心で、マウント・ユニオン・カレッジで文学士と哲学の博士号を取得した。一八七七年に結婚し、二人で海外伝道を志したが、夫は

結婚後数か月で死去した。ヴァンペテンは夫の遺志を継ぎ、アメリカ・メソジスト監督派教会女性海外伝道協会に入る。

来日は一八八一（明治一四）年、東京築地の海岸女学校の教師となった。その敬虔な信仰生活は周りの人たちに感銘を与え、「ヤソ嫌い」な稲垣寿恵子をも入信させたという。[1]翌年にM・C・ハリスに随伴して米沢地方を伝道旅行した。[2]西洋人に接することが珍しく、新知識や文化に触れる好機と遠方から来る女性も多かった。この旅行で交通事情の悪さ、わかりにくい方言、家族制度の実態を知り、日本女性への伝道には日本女性の伝道者が必要と痛感する。

本国の伝道協会に女性伝道者養成学校の創設を申請し、一八八四（明治一七）年、山手居留地二二一番のヒギンズ記念館に聖経女学校が設立された。ヴァンペテンは校長として生徒六名とともに移る。その一人は稲垣で、漢文の教師をしながら学び、卒業後は伝道師[3]として横浜の社会事業に貢献した。

聖経女学校の目的は伝道者養成のため、午前中は聖書中心の授業、午後は伝道の実地訓練だった。修養期限は三、四年。卒業生には伝道者や牧師の妻のほか社会的に活動した人も多い。同校は順次教科内容を充実させ、女子や子供と教会をつなぐ役割を担い、成果を挙げたが、一九二三（大正一二）年、メソジストエピスコパル女性海外伝道協会とカナダ・メソジスト同協会の共同事業が決まると、同校はカナダ・メソジスト系の長崎活水女学校の神学部と合併し、日本女子神学院と改称。さらに一九二七（昭和二）年に青山学院神学部女子部となった。

また、ヴァンペテンは、余暇の楽しみとして女たちが手仕事をしながら朗読や音楽を聴き、その後にお茶を楽しむという会、「ヨコハマ読書サークル」を横浜で活躍していた女六人と男二人で一八八五（明治一八）年に発足させた。ヴァンペテンは副会長を引き受け、文化的活動の推進を担ったが、会員の増加と共に男中心の会となる。会の活動が多彩な内容になる一方、女たちは従属的扱いになり、会名も横浜文芸協会と改称した。(4)

一八八九（明治二二）年、ヴァンペテンは稲垣寿恵子、二宮ワカ、牧師平田平三らと生活困窮者の多い中村地区を視察している。食事は一日一食、衛生状態の悪さ、治療を受けられない病人たちがいる貧しい環境に衝撃を受ける。発起人の一人となり、市民にも呼びかけ、横浜婦人慈善会を設立した。(5) 会長に稲垣、ヴァンペテンは副会長を引き受け、活動の第一目的を施療病院の開設とした。一八九二（明治二五）年、「根岸の赤病院」と親しまれた横浜婦人慈善病院が開院する。居留地の人たちも人手が必要な時は助けに駆けつけ、資金集めの音楽会やバザーにも協力した。病院の経営は当初はメソジスト系教会の女性たちだったが、やがて横浜の政財界の妻たちが理事を引き受け、一九一三（大正二）年、恩賜財団済生会に移譲されるまで支えた。

その他、ヴァンペテンは、日本メソジスト伝道協会の宣教師として、伝道協会の警醒小学校や横浜最初の保育所の相沢託児園の設立に関わり、横浜福音夜学校では教授を務めた。

横浜訓盲院では失明学生用の寄宿舎の建設に奔走し、理事として一九一三年からは校長として盲人教育に尽くした。こうした活動が認められ、一九一四（大正三）年一一月、神奈川県第五回地方事業功労者として表彰された(6)。

サンシャイン・レディとあだ名されるほど明るく、指導力のある人で、横浜の社会事業になくてはならない人だったが、一九一六（大正五）年、病気のため帰米した。同年一〇月二四日、サンタモニカで死去、夫のかたわらに葬られた。

（中積治子）

【注】

（1）田中亀之助『回心物語』教文館 一九三三年／森和平編『露香——稲垣寿恵子小伝』マンノー社 一九二九年

（2）増田金四郎「聖経女学校略史」『青山学報』六〇号 一九六九年

（3）稲垣は一八九〇年の「メソヂストエピスコパル第七回年会記録」で、ヴァンペテンとともに「婦人伝道会社ヨリ当年会ニ向ケ派遣サレタ」と紹介されている。また、聖経女学校について「年会に大なる影響を与へたり、如何となれば、其在校中の女生徒等は、二三人組合て、実地伝道に従事」し、その結果は少なくないと報告されている。

（4）生野摂子「横浜の外国人居留地文化—大英帝国の『ゆるぎなき自負』—」横浜開港資料館・横浜居留地研究会編『横浜居留地と異文化交流』山川出版社 一九九六年

（5）中積治子「根岸の丘の赤病院—横浜婦人慈善会を支えた女性たち」『史の会研究誌』第二号 一九九三年

（6）「神奈川県教育会雑誌」第一一六号

アダリーン・D・H・ケルシー

Kelsey, Adaline DeMontal Higbee　1844 - 1931

（MH）

◇横浜で活躍した女性宣教医

ケルシーは一八四四年二月二日米国ニューヨーク州ウェスト・カムデンで農場を経営する父アサ・ケルシーと母アマンダ・ヒグビーの六人の子供の五番目として誕生する。

一八六八年マウント・ホリヨーク・フィーメイル・セミナリーを卒業。アイオワ州で二年間教師を務めた後、ニューヨークの女子医科大学に学び、七五年医学博士号取得。翌年から二年間マウント・ホリヨーク・フィーメイル・セミナリーの校医、生理学教授を務めた。

宣教師としての働きは一八七八年長老派教会から派遣されて中国へ赴くことから始まる。途中横浜で上海行きの船に乗り換える間の三日間へボン博士の家で歓待され、横浜・東京の名所を巡り楽しい時を過ごしている。宣教地登州での活動は激務であったため、健康を害し一八八二年九月帰国する。クリフトン・スプリングスで静養した後、マウント・ホリヨークの先輩であるE・ディキンソン博士から電気療法を学んだ。

一八八五（明治一八）年WUMSより派遣され日本へ向かう。一二月一日横浜に到着し、共立女学校を拠点にして医療活動と伝道活動を行う。当初小さな病院程度の設備の整った診療所を開きたいと願っていたが、ミッション本部には充分な資金が無く校舎の一階の南西の角部屋に自分の部屋を定め、校医として勤務する傍ら、患者の家を往診するという方法をとった。

ケルシーは一八八六年七月付けでボードに宛て次のように報告している。

「来日以来診察した件数は二六七件です。殆どが厄介な症状でしたが、全て快方に向かっています。一人は癲癇《てんかん》でした。癌の手術も大成功を収めました。日本人の医師に頼まれて結核患者も二人治療したところ、そこで定期的に診療に当たるよう誘われましたが、非常に忙しいので無理ですと断りました。私には何の功績もありませんが、ただ神様が人間の生命を祝福する道具として私をお用いくださるままに働いています。」

一八八八年の報告では、外科五五五、内科七六五、眼耳鼻科二六〇、その他三七六、計一四五六の他に電気治療五五八三、往診九六一の数字が見られ、優秀な医師であることが分かる。また若い女性の健全な成長を願って『女学雑誌』に論説「健全及び体育」を寄稿し、

「最近西洋の風を真似することが流行しているようだが、悪いことまで真似てはいけない。例えばコーヒーは若い人や体の弱い人には良くない。洋服を着る人が増えているがきついコルセットは健康に良くないから気をつけるように。靴も自分の足型に合った柔らかい靴を履くことが大切である。あなた方が外国の国を愛し、これを適用するに当たっては、その可なるものは採り、不可なるものを退けるに注意あらんことを望みます。」

と説いている。横浜を中心にしてケルシーの女性宣教医としての存在は貴重であり、その働きは目覚しいものであったが、ＷＵＭＳは一八九〇年一一月一二日の理事会で日本の医療活動を中止し、ケルシーを召喚することを決議した。当時中国上海の宣教地で病院開設のために多額の費用が必要とされていたことによる。ケルシー本人は過労により健康を害したためと記しているが、それも事実であろう。

一八九一（明治二四）年帰国するに当たって二人の日本人を伴って帰った。二人は共立女学校の卒業生で、須藤かくは一八八二（明治一五）年卒業制度施行前の卒業、阿部はなは一八八六（明治一九）年卒業、共に横浜海岸教会でＪ・Ｈ・バラより受洗している。ケルシーの医療活動を手伝い、宣教活動にも同道していた優秀な助手であった。

米国到着後三人はケルシーの実家の農場に落ち着き、ケルシーは二人の医学校進学のための準備教育を始めると同時に、経済的援助をするための資金調達に奔走した。二人はシンシナティのローラ・メモリアル医科大学に入学し一八九六年無事卒業した。ケルシーは年老いた父と病身の姉の最期を看取ると再び外国伝道に赴くことを決意する。

一八九七（明治三〇）年一〇月二度目の日本へ向けて出発した。須藤かく、阿部はなも伴っていた。二人が故国でクリスチャン医師として働くことを願っていたからである。今回はどの教派にも所属することのない自給の宣教活動であった。

一一月四日横浜到着早々、横浜婦人慈善病院から責任者として来て貰いたいとの要請があって承諾した。二人の日本人には日本の医師免許が必要であった。しかしこの件は遅々として捗らなかったため、アメリカ公使C・E・バックに相談した。公使はワシントンのシャーマン国務長官に依頼し、東京の内務大臣に「この二人はアメリカの一流医科大学を卒業しており、日本政府の要求する資格を充分に充たしている」という電報を打ってもらった。それでも認可は下りなかった。日本政府の偏見と事務手続の遅さには驚くばかりであった。しかし漸く一八九八（明治三一）年に一人二〇ドル支払って医師免許を取得することが出来た。直ちに横浜婦人慈善病院で働いた。山鹿旗之進（メソジスト教会牧師）著『封永生』の中に「封永生の病室は二階の日当たりの良い一等室であった。院長のケルシー女史をはじめ、これが助手たる須藤かく子、阿部はな子の両女史等は永生に対して常ならぬ親切を尽くした。」とこの三人が登場している。

一九〇〇（明治三三）年夏ミッション・サニタリウムを開き、中国の義和団事件から命からがら逃れてきた宣教師の怪我や病気治療にあたり、日光の山にも支所を開いた。

一九〇二年ケルシーは五年間の日本での活動を終え帰国する。須藤かく、阿部はなの二人も日本に残らずアメリカへ戻った。この時須藤かくの姉一家も連れて帰っている。義兄成田よそきち、姪まや、じん、れん、すえ、甥こういちの六人で、姉のまゆは気の毒なことにトラコーマのためアメリカへ入国出来ず送還されてしまった。

ケルシーは自分の家族の協力も得て、この一家に行き届いた世話をした。それぞれに教育を受けさせ、仕事を身につけて独立するまで経済的な援助を行った。その資金となったものは中国や日本から持ち帰った骨董品、送られてくる刺繍製品を売ったお金だったと記している。

アメリカ入国時六歳と最年少だったすえは結核に罹り、マウント・グレゴールの保養所で治療することになった。ここにはケルシーの妹夫婦が住みグラント・コッテージの管理人をしていた。このコッテージは第一八代大統領U・S・グラントが晩年病気治療と回想録執筆のために住んだ別荘で、一八八五年の死後も記念館として大切に保存されている建物である。妹夫婦の死後はすえが管理人となり、四〇年間誠実に働いた。戦争の間も周囲の人びとに温かく見守られ，アメリカ市民権も得た。コッテージの前にはすえを記念する石碑が残されている。

さて、阿部はなはケルシーが学んだフィラデルフィアの電気療法専門学校で学び電気療法士として働いていたが一九一一年死去。須藤かくは一九五三年アメリカ市民権を得て一九六三年セントクラウドで一〇二歳の生涯を終えた。姪のじんは老後のかくと父親よそきちと共に住み二人の世話をした。

ケルシーはウェストデール長老派教会の会員で日曜学校教師も務めた。晩年の八年間はフロリダ、セントクラウドに住み一九三一年この地で死去．八七歳であった。遺体はウェストデールに運ばれ、同地に埋葬された。地方紙はケルシーの略歴を記し『宣教師として献身の生涯―ウェストデールの傑出した女性A・D・ケルシー博士死去』と報じた。

ケルシーが同窓生に宛てた手紙が残っている。

「願わくは、ここに学んだ女性がキリストに倣って人生を歩み、他の人びとを幸福にするこ

とができますように。神の祝福が与えられますように。」（ウェスト・カムデン 一九〇三年一〇月二三日付）

まさに、ケルシー自身がそのような生き方を真摯に実践した女性であった。

（安部純子）

【参考文献】
Kelsey Papers：Archives of Mount Holyoke College
Jeannie Woutersz："Images of America, Wilton"

メアリー・ヘレナ・コンウオール・リー

Cornwall-Legh, Mary Helena 1857 - 1941

◇ハンセン病患者救済と海員伝道

『草津「喜びの谷」の物語』より

コンウオール・リーは、日本での働きは草津でのハンセン病患者の救済活動によってよく知られている。草津温泉の湯がさまざまな病気に効能があることが分かると、ハンセン病患者も療養のため集まるようになり、当局は湯之沢に公認した自由療養区を造った。ハンセン病に関心をもっていたコンウオール・リーは、ハンナ・リデル（熊本で回春病院を創めたイギリス人宣教師）に誘われて湯之沢を訪ねた。その後、この地で福音伝道に従事する霊的指導者が求められていることを知ると、これこそ自分の使命であると悟り，湯之沢へ移り聖バルナバ・ミッションを設立（一九一六年）した。自分は必要最低限度の物しか所有せず、すべてを捧げて、教会・ホーム・医療施設を次々と設置していった。コンウオール・リーが湯之沢において導いた信徒数は一〇〇一名に達した。

メアリーは一八五七年五月二〇日イギリス、カンタベリーで誕生した。父は第九七歩兵連隊士官エドモンド・コンウオール・リー、母ジュリア・パーカーはニューブランズウィック控訴院判事の娘であった。二歳の時父は病死。以後は母と兄の三人の生活であったが、家系は名門の一族であり、暮らしは裕福であった。女子として一通りの教育を受けた後、フランスに渡りピアノと水彩画を学んだ。スコットランドの聖アンドリューズ大学の教養認定試験に合格し、ＬＬＡ（Lady Literate in Arts）の称号を与えられ、高い教養を身につけた女性として社会的に認知されることになった。文筆活動も始め、数篇の小説と子供向けの物語も出版している。

一九〇二年兄の死後は、母と二人で世界各地を旅行した。旅先の風景を水彩画として残しているが、その中には日本の景色を描いた作品もある。

▼宣教師として日本へ

一九〇七年母親が亡くなったことで、親への孝養の義務は既に果たしたものと考えて新たに宣教師となる決意を固めたものである。外国伝道に関心を抱くようになったのは、日曜学校教師として奉仕していたロンドンの聖ペテロ教会司祭G・H・ウィルキンソン（Wilkinson, George Howard）の影響が大きい。ある日の説教で語った「…イエスの喜びとは、他者を慰める喜び、助ける喜び、勝利の喜び、救う喜びである。このイエスの喜びを自分の喜びにしようではないか。」の言葉はコンウオール・リーの心を強く捉えた。同年一一月、コンウオール・リーはウィルキンソン司祭が育てたＳＰＧ（英国教会海外福音宣教協会）の宣教師として日本へ赴いた。五〇歳を過ぎていた。日本での所属は日本聖公会南東京支部で、当時は隅田川以南の東京・神奈川・千葉の一部を担当していた。宣教師としての活動は牛込聖バルナバ教会から始まり、バイブル・クラスを受持ち、求道者や婦人会の指導に当たった。千葉県の大多喜、茂原でも伝道活動を行った。

一九一二年休暇で帰国した宣教師の代わりとして、神奈川県下の広い地域――横浜・横須賀・田浦・鎌倉・藤沢・川崎などで活動することになり、住まいを逗子に移した。逗子在住のジュリア・ラウダーが自宅の一室で開いていた集会も支援した。現在の日本聖公会逗子聖ペテロ教会の礎を築いた集会である。

横浜聖アンデレ教会でも司祭をよく助けた。この教会の熱心な信者に植松金蔵がいた。植松は日本郵船「阿《あ》波《わ》丸《まる》」に乗り組んでいたが、海上で暴風に遭遇し、破損した船の修理が完了するまでの間滞在することになったロンドンでシーメンズ・ミッションの宣教師と出会い、キリスト教を知り、心を動かされて洗礼を受けた。横浜に帰港すると聖アンデレ教会の礼拝に出席した。熱心に聖書を学び、志を立て神学校に入学し、司祭となる道を選んだ。植松司祭は海員への伝道に力を注ぎ、一九一一年ころ「日本聖公会横浜海員倶楽部」を新設した。これは海員（船員）のための「ホーム」であり、多くの海員がここで信仰に導かれた。コンウオール・リーは植松のよき理解者であり、特に海員伝道活動のための支援を行った。

▼横浜の海員伝道

一八二二年ロンドンで組織された海員伝道会（Missions to Seamen, MS）及び一八二七年ニューヨークで組織された海員友の会（American Seamen's Friend Society, ASFS）は海員伝道の先駆けである。横浜では一八六三（文久三）年、横浜居留地一〇五番で建設された聖公会（クライストチャーチ）がMSの、そして一八七二年、横浜居留地一六七番に建設された日本基督公会がASFSの活動拠点となった。それより以前，一八五九（安政六）年に来日したS・R・ブラウンはASFSの支援を受け、一八六〇年九月から船上礼拝堂（Floating Bethel）の活動を始めた。J・ゴーブルも活動に加わった。『S・R・ブラウン書簡集』一八六一年八月一六日付書簡には、横浜に停泊中のイギリス艦隊の測量船上で行われた集会に列席したこと、また八人の船員と三人の士官が神奈川のブラウン宅で開かれている祈祷会に出席したことが記されている。他に、受洗者が与えられた一方で船員たちに禁酒の誓約をさせたが、多くは破られ骨が折れたことも記されている。

一八七二（明治五）年来日したH・ルーミスは、MSとASFS双方で組織する委員会の責任者となり、横浜居留地八六番に宿泊所・図書室・食堂を備えた施設を建てた。

救世軍は一八九六（明治二九）年末、横浜居留地一八七番に「横浜水夫館」（セーラーズホーム）を開設した。ここは外国の軍艦や商船の乗組員たちが上陸した際の霊魂上の保護所のような施設であり、六〇人ほどが宿泊できた。やがて、酒舗が多く喧嘩や暴力沙汰の絶えなかったこの近辺の風紀が良くなったと人々の評判になった。

僅かではあるが女性宣教師たちの活動を知る記録もある。

一八七一（明治四）年に開設されたアメリカン・ミッション・ホームでは、開設直後からM・P・プラインが水曜日と日曜日の夕方祈祷会を開いた。居留外国人・駐屯兵、そして船員が出席していた。プラインの〝Grandmamman's Letters from Japan〟を読むと、ここに集まった船員達たちがチルドレンズホームの子供たちにクリスマス・プレゼントを贈っていたことが分かる。

またこのチルドレンズホームの責任者として、一八七七（明治一〇）年に来日したヴィーレは親しくしていたメソジスト教会宣教師ヒギンズ（Higgins, Susan. B）と共に、しばしば「水夫の集会」に出かけていたことを書き残している。ヒギンズは一八七八年来日し小規模の女子校の責任者となり、教育・伝道に精力的な活動を続けていたが一年足らずで病死した。「葬儀の日、墓の周囲には日焼けした顔の水夫たちが並び、涙を流しながら讃美歌を歌った」ことをヴィーレが追悼文の中で記している。ヒギンズが教えた小規模な女子校はその遺志を継いで、一八八四（明治一七）年メソジスト教会の女性伝道師養成学校「聖経女学校」となった。

開国と同時に国際港都として発展を続けた横浜の地にあっては、海員伝道も宣教上の重要な目標の一つであった。横浜時代のコンウオール・リーも植松司祭を支援すると共に欧米の船員達への伝道活動に励んだ一人であった。

（安部純子）

【参考文献】

中村茂『草津「喜びの谷」の物語 コーンウォール・リーとハンセン病』教文館　二〇〇七年
『主の御名によりて：横浜聖アンデレ教会百年史』日本聖公会横浜聖アンデレ教会　一九八五年
横浜市編纂『横浜市史稿　神社編・教会編』臨川書店　一九八六年
日本キリスト教歴史大事典編集委員会編『日本キリスト教歴史大事典』教文館　一九八八年
『横浜共立学園　六十年史』横浜共立学園　一九三三年
安部純子訳著『ヨコハマの女性宣教師――メアリー・P・プラインと「グランドママの手紙」』ＥＸＰ　二〇〇〇年

▼第三節▲陸海軍人への伝道

エステラ・フィンチ
Finch, Estella Ida（星田光代）1869 - 1924

筆者提供

◇軍人伝道に献身した自給伝道宣教師

横須賀市公郷町《くごうちょう》にある曹源寺の丘の上に「星田光代先生之墓」と深く刻まれた墓碑が建てられている。この墓碑が日本を愛し、帰化して日本人となり、独立自給伝道を行い、特に日本軍人伝道のために、専心生涯を捧げたアメリカ婦人、エステラ・フィンチのものであることは余り知られていない。フィンチを傍らで支え、信頼すべき良きパートナーとして最も協力した黒田惟信《くろだこれのぶ》牧師も、今はその傍らに安らかに眠っている。

フィンチは一八六九年米国ウィスコンシン州の小さな町、サン・プレイリーで生まれた。父の名はジョン（John）、母の名はアンヌ（Anne）、エステラはその三女として生まれた。幼くして母を失ったがその詳細は不明である。二〇歳の時、大富豪の養女に迎えられ、当時北米で初の神学校と言われたミッショナリー・トレーニング・スクール（現在の Nyack College）に学び、三年後に卒業して一年間インディアナ州、グリーンウッドにて伝道した後、「東洋に行って伝道しなさい」という天の声に、日本でのキリスト教伝道を志し、一八九三（明治二六）年二月一〇日、自給伝道宣教師として二四歳の若さで来日した。しかも養父の反対を押し切り、養女の身分を決別しての来日だったようで、その並々ならぬ決心が窺える。

フィンチは最初神戸に上陸、姫路の日ノ本女学校（バプテスト派）を本拠としたが、直接教育に従事することをせず、あくまで自給伝道をしていた。しかし姫路には大きな陸軍の部隊がある地域なので、外国人の在留が困難となり、姫路を去ることになった。まもなく東京で女子学院の教師をしていたフィンチの先輩で、何かと連絡を取り合っていたピューリタン出身の宣教師、マリア・トゥルーの紹介で、一八九四（明治二七）年には角筈に居を移し、そこで手芸を教えながら講義所で聖書についての講義を行うほか、翌年には荻窪、上高井戸、松原に子どものための日曜学校を開設した。この日曜学校の片腕となり、その宣教活動を手助けした人々の中には、姫路でフィンチと信仰的な交流の友であった日ノ本女学校の英語教師品川悠三郎や、当時女子学院生徒だった栗本すた子（後の山本秀煌夫人）、向井秀子（独立女学校生徒）等がいて、フィンチに日本語を教えながら、伝道の手伝いをしていた。フィンチは夏の女子学院宣教師の夏季集会に同行し、そこで十時《ととき》キク（女子学院生徒）とも知り合った。一八九五（明治二八）年、女子学院の前身である桜井女学校の分校（高田高女）が新潟高田にあったこともあって、新潟高田での一般伝道に赴く決心をしたのである。その後十時キクが高田高女に教師として赴任した。十時キクは午前中の授業を終えると、午後はフィンチと共に伝道し、愉快に働いたと後に述べている。しかし高田での伝道を始めて一年半経った頃から、日本伝道への希望が傾き始め、いわゆる失意の時代に入っていたようである。「日本の人々はキリスト教の思想のみ受けて、キリストの贖罪(1)の福音を体得せず、真の悔い改めに至らざる国民である」との思いを抱いたフィンチは日本伝道に見切りをつけ、米国に帰国する準備を始めていた。たまたまこの時期、巡回伝道をしていた横須賀基督教会の牧師、佐藤曠二（1867-1935 のちに黒田惟信と改名）と高田で出逢い、佐藤の信仰と悔い改めに至る話を聴き、「あ、自分は間違っていた。日本にもまだこういう人がいる。」と自分の偏見を悟ったという。そして軍港の横須賀を見てきた佐藤がつね日頃から抱いていた「軍人には軍人の教会が必要である。」との持論に共鳴し、再び日本伝道に希望が燃え、このとき横須賀での軍人伝道の相談がまとまったとされる。

フィンチは一旦帰国して一年後に再来日する。その二年後の一八九九（明治三二）年、フィンチを会長、佐藤を主任として横須賀町若松四三番地に「日本陸海軍人伝道義会（略称 伝道義会）」が設立された。伝道義会は陸海軍人を主とし、一般市民も対象としたが、中でも横須賀海軍機関学校の生徒達が多く来会した。当時の日本は日清戦争に勝ち、国内は戦勝気分に浸っていた時代でもあった。しかし、宣教師といえばスパイと見なす風潮にあって、フィンチは多くの困難な条件を克服しなければならなかった。その伝道は広く、浅くよりは、狭くとも深く、一人の魂を重んじて愛と祈りを以て仕え、教え導いたという。集会数は年間四六〇回にも及び、まさに骨身を削るほどの献身的伝道であったことが窺える。生徒らは端正な姿のフィンチを「マザー」と呼んで敬愛し、フィンチは生徒らを「ボーイズ」と愛称し、良き相談相手になったといわれる。開設後まもなく入会した太田十三男《とみお》（海機一一期、後の海軍機関少将）は伝道義会クリスチャン生徒第一号であった。伝道義会はフィンチが元来自給伝道宣教師であって、内村鑑三（1861-1930）との交わりもあり、「日本武士道的キリスト教主義の聖書研究会」でもあった。フィンチの働きを全面的に援助した人々の中には英国領事の妻ジュリア・マリア・ラウダー、兵学校教官ミュラー、米国の医師ハワード・ケリーなどがいた。伝道義会開設以来、多くのクリスチャンを輩出し、一般市民を含む来会者一万人、延べ一九万人で三〇年間に一〇〇〇人は救われたであろうという黒田が残した記録もあり、伝道義会の影響の大きさを物語っていると言えよう。

フィンチは日本に同化しなければならないと考え、日本語はもとより、日本史にも造詣の深い黒田より日本史を学び、しばしば史跡や御陵を訪ねた。書道も学び、この点においても第一人者であった。また非常に筆まめな人であったため、常に祈りと心血をこめて書かれた手紙は、艦や陸上、至るところにいる軍人のあとを追った。「彼等はあるいは荒寥たる海上に、あるいは艦内激務の間に女史よりの手紙にて如何に力づけられ、インスパイヤされたことであろうか」と太田十三男は語っている。また武術、スポーツを好み、ボーイズには信仰の青年が文弱インテリに陥ることを嫌い、只閉じこもって聖書を読むだけでなく、つねづね体育運動を奨励し、小さな武道場を建設して、ボーイズ達の稽古を見て喜んだ。そして一九〇九（明治四二）年一月、四〇歳の時、日本に帰化して「星田光代」と改名し、初の外国人横須賀市民第一号となった。その名前の由来は「エステラ」がペルシャ語の「星」を意味し、伝道義会には黒田をはじめ、太田、豊田、新田、山田など「田」のつく愛弟子が多数いたことから「星田」と黒田が名付けたという。帰化した一つの理由として「ボーイズがこんなに苦しんでいるのに私だけが平気でいられれようか」との思いがあった。

黒田はフィンチの帰化とその生涯について「日米間が不穏な時代となった頃、マザーはそのことを憂慮され、米国の友人援助者の反対を押し切って自分の国籍を棄てて帰化し、日本国民となった。以来米国からの援助は少なくなったにも拘わらず、この決心を以て貫き、唯一、神のもと、全人類みな兄弟なり、同胞なりとの信仰に徹し、純日本国民として全身全霊をもって最後まで尽くした。マザーは実に日本国のために、最大の愛を捧げた米国人であった。」と語っている。外国人宣教師嫌いながらも、フィンチとは特別な信仰的交わりのあった内村鑑三は、帰化後の星田光代に対し、敬意を込めて「ホシダの小母さん」と呼んだ。星田光代は一九二四（大正一三）年六月一六日、午前一一時、五六歳の生涯を閉じた。

黒田は「マザーの人生はその宣教の目的のために、真に長い、困難なマラソンの道のりの如き人生であった。その死は、一言でいうならばその生涯と同じく崇高な、また栄光ある死であった」

と語った。その墓碑には黒田によって次のような碑文(2)が刻まれている。

「嗚呼、先生の如きはわが国軍人のためにその青春を捨て国籍を捨て遂に生命そのものをさへ捨てたる者なり其献靖の精神は『死せりと雖尚言へり(3)』と謂ふべし。」

（海野涼子）

【注】

（1）贖罪　人々の罪をあがない、人類を救うためにイエス・キリストが十字架にかかったとする教義。

（2）原文はカナ文字混じりの文語体で分かり易くしたもの。

（3）「彼は死んだが信仰によって今もなお語っている」新約聖書ヘブライ人への手紙11：4

【参考文献】

太田十三男『日本の軍人伝道に献身せしミス・エステラ・フィンチ女史（日本名　星田光代）』聖書講義（一三一号）一九六四年

峯崎康忠『軍人伝道に関する研究（決定版）――日本O・C・Uの源流とその展開』守安絹男　一九九八年

田中浩司『内村鑑三と理想的宣教師 Estella Finch――異文化におけるキリスト教宣教の一つのあり方』防衛大学校紀要 人文科学分冊　第90輯（平成一七・三）別冊から引用

ジュリア・マリア・ラウダー

Lowder, Julia Maria 1840 - 1919

◇受くるよりも、与うるは幸いなり

筆者提供

一八四〇年、アメリカのオランダ改革派教会宣教師S・R・ブラウン博士の長女としてアメリカで生まれた。父親のブラウンは有名な宣教師で、マカオ、香港で伝道に従事した後、一八五九(安政六)年一一月に来日した。当時わが国ではキリスト教の布教は許されていなかったので、神奈川において在日外国人のために奉仕した父ブラウンは一八六二(文久二)年横浜に移り、運上所で英語を教えた。一八七三(明治六)年ブラウン塾を開校して多くの俊秀を育成、聖書の日本語訳にも功績があり、それを記念して博士旧宅跡には新約聖書翻訳記念碑が建てられている。

マリアは一八六二年イギリス領事ジョン・フレデリック・ラウダー(Lowder, John Frederic 1843-1902)と結婚した。一九〇二(明治三五)年、山手二〇三番の自宅で夫が死去したのちも横浜在住の外国人の長老格として敬愛を集めた。

逗子聖ペテロ教会(逗子市)は日本聖公会の中で古い教会の一つだが、最初の教会の基礎を作ったのがジュリア・マリア・ラウダーであったことが『逗子聖ペテロ教会五十年史』(一九六三年)

に書かれている。それによると、一九〇七（明治四〇）年頃、横浜より逗子に移り住んだラウダーは、海岸に面した洋館の自宅で学生を集めて英語のバイブル・クラスを開き、熱心に、そして献身的に教師として働いた。その結果このバイブル・クラスによって導かれた多くの人々がクリスチャンになり、会衆の中核をなす人々となった。やがてラウダーはH・B・ウォルトン司祭を横浜から招き、礼拝が毎週一日、行われるようになり、ウォルトン司祭は、この熱心な会衆のために、SPG宣教師社団から資金を仰いで土地を求め〈浜田八八一番地〉教会を建築した。この建物は二階建てで、上を礼拝堂、下を会館としていた。この時の調度品の主なもの（夜具三組、座布団、コーヒー茶碗五〇個など）も毎主日オルガニストを勤めていたラウダーから提供されたものだったという。

ラウダーは一八九九（明治三二）年に創設された日本陸海軍人伝道義会（伝道義会）で、エステラ・フィンチ師の働きを全面的に支援した。伝道義会の礼拝にも特別出席者としてオルガニストとして奉仕したばかりでなく、敬虔なクリスチャンとして知られ、裕福な家にありながらも質素で、人々を助けることを常に怠らなかった。伝道義会にある折りたたみオルガンやピアノなどもラウダーの寄付によるものである。逗子に住むラウダー邸ではボーイズ達の結婚式もしばしば行われていた。軍人からは「グラニー」と呼ばれ親しまれた。この「グラニー」について義会のボーイズの一人の語った記述は次のようなものである。

「ラウダー夫人は伝道義会の軍人をわが孫の如く愛し、その軍人の家庭に赤ん坊が生まれる前には、赤ん坊を寝かす行李とその中に蒲団（残り布を継ぎ合わせた）を縫いつけて贈与するのを常としておられた。

平常から布の切れ端を大切にとっておき、これを継ぎあわせて蒲団を作り、逗子自邸（望洋亭と称す）裏の海岸を通る柴刈の女性などに与えるのを喜びとしておられた。

逗子町の商家にランプ（その頃は油灯のみ）の暗い家のあるのを見て、一日新しい高燭力のあるランプを買い、その家に持参し、『このランプを使って頂けませんでしょうか』と言って贈与して帰られたことがある。ラウダー夫人は相当裕福な家にありながら、常に質素で凡てのものを大切に使用し、余りを貯えておき、あらゆる機会において『受くるよりも、与うるは幸いなり』を実行した人であった。」

一九一九（大正八）年に死去。七九歳。墓所は横浜外国人墓地にある。

（海野涼子）

▼第四節▲YWCAのリーダーたち

◇YWCAの概略

YWCA（The Young Women's Christian Association）は一八五五年、英国ロンドンで創設された。一九世紀、英国の産業革命のなか、特に都会での過酷な労働で働く女性たちを精神的に支えようと、エマ・ロバーツにより祈りの会が始まり各地に広がった。一方、クリミヤ戦争に出て行く看護婦などに、女性が安心して泊まれる宿舎をメアリー・ジェーン・キナードが提供し、聖書研究や教育プログラムの活動が始まった。この二つの運動が一つになったのがYWCAの始まりである。

日本では、一九世紀末、来日した女性宣教師たちの働きがあった。それぞれの母国でYWCA運動に接していた女性宣教師たちは、日本の女子工場労働者たちの過酷な労働に非常に関心を持ち、「女工」のために働くYWCAスタッフを送って欲しいと本国に再三要請した。熱心な要請を受けて、一九〇〇（明治三三）年初代万国YWCA総幹事、A・M・レイノルズが視察のため訪日。これがきっかけとなり、宣教師たちの努力によりYWCA創立準備委員会が構成された。

一九〇四（明治三七）年カナダからキャロライン・マクドナルド幹事が来日、日本YWCA創立の動きが本格化し、一九〇五（明治三八）年に日本YWCAが設立された。

横浜YWCAは一九一三（大正二）年、地域YWCAの一つとして東京YWCAに次ぎ、日本で二番目のYWCAとして誕生した。当時は、横浜港は賑わい、外国商社、船会社、銀行、商店で働く女性が増えた。また多数の外国人女性、宣教師も来日した。

設立当初は日英館や横浜商工会議所などの一部を会館として借用し、働く女性のためのタイピスト養成、英語講習、日本から写真結婚で渡航する女性たちにアメリカでの生活の準備教育を行った。その頃在米の日本人男性移民と日本国内の女性との間で写真結婚が行われ、多数の女性が横浜港から渡航した。

アメリカやカナダのYWCAは近代女子教育、社会教育、福祉事業、奉仕活動を身につけた幹事を世界へ多数派遣した。横浜YWCAにも、アメリカからメアリー・ベーカー総幹事、ヘーゼル・ヴェリー総幹事、他多数の幹事が赴任し、英語、タイプライター、西洋料理、ピアノ、運動、聖書研究、クラブ活動、外国人宿泊所事業の開設など横浜YWCAの発展に大きく貢献した。これら外国人幹事の渡航費、滞在費、人件費など、すべては本国のYWCAの資金で賄われていた。また横浜在住の外国人女性も幹部委員、会員となり運営・経営に携わり、充実した教育事業と会員活動を継続することができた。

第一次世界大戦、世界大恐慌と経済的に大きな打撃を受けたアメリカ社会にあって、YWCA

の海外事業も予算が縮小され、また一九四一（昭和一六）年の日米開戦を機に日本に派遣された外国人幹事はすべて本国に帰還することとなった。

一九二三（大正一二）年の関東大震災、第二次世界大戦の危機を乗り越えて、横浜ＹＷＣＡは、二〇一三（平成二五）年創立一〇〇周年を迎えた。

日本のＹＷＣＡが現在あるのも、外国人女性宣教師やアメリカ・カナダのＹＷＣＡ幹事の日本への熱意と働き、そして経済的支援に負うところが大きい。

現在は日本を含めて一二〇余りの国で、約二五〇〇万人の女性たちが活動する国際ＮＧＯである。日本では二四の地域ＹＷＣＡと三五の中学・高等学校ＹＷＣＡが活動している。キリスト教を基盤にし、世界中の女性が力を合わせ、平和・人権・健康・環境・女性への暴力の問題などに積極的に取り組んでいる。

（ＹＷＣＡ・唐﨑旬代）

◇横浜YWCA創立期の外国人幹事（一九一三年〜一九二〇年）

メアリー・C・ベーカー

Baker, Mary C.　生没年不詳

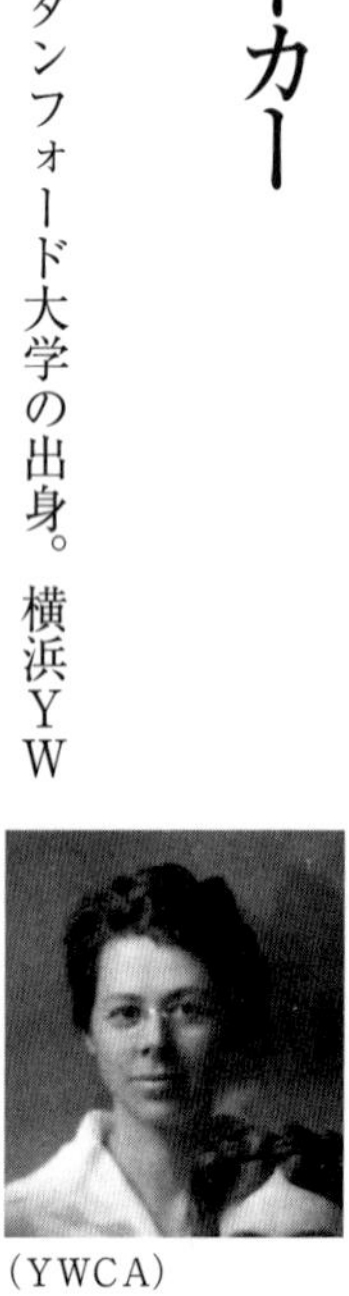

（YWCA）

ベーカーはカリフォルニア州、スタンフォード大学の出身。横浜YWCAの初代外国人総幹事として一九一四（大正三）年〜一九二〇（大正九）年の六年間働いた。横浜は外国人が段々多くなって次第に国際都市になりつつあったが、まだまだ女性は社会に認められておらず、男尊女卑の考え方が中心で、ベーカーも苦心したことがアメリカへの報告書に表れている。そんな中で英語のクラス、タイプライターのクラスなど働く女性のためのクラスが盛んになってきており、また日曜学校を開き自ら先生を務めた。横浜市の移民講習所とも連絡をとり、YWCAの新企画の「日本婦人移民教育」を進めた。

一九一八（大正七）年、日本人の総幹事を育てようと元女学校の教師を雇ったが、彼女にはYWCAの仕事の大きさが理解されず、短期間で退職した。大きな視野で計画して、勇気を持って実行する日本の女性リーダーを育てることが自分たちの使命と語っている。その時代の日本の女子教育が良妻賢母を目指していた中で、自立してイニシアティブをとって働く女性を、どのよう

に育てるかが大きな課題であったようだ。しかしこの時代にもＹＷＣＡの中には、すでに様々なグループが生まれ、ページェント（キリストの生誕を祝う演劇）が企画され、委員会組織が作られ、新しい会員もどんどん増えていった。そのようにして女性のリーダーシップが少しずつ育てられていったのである。ベーカーは、キリスト教もなかなか受け入れられない、古い日本社会と闘いながら、ＹＷＣＡの精神と目的を周りに伝える開拓者の役割を果たした。（ＹＷＣＡ・井上玲子）

ルース・レーガン
Ragan, Ruth　生没年不詳

（ＹＷＣＡ）

ベーカーを支え、一九一七（大正六）年ベーカーが病気で帰国していた間総幹事代理を務めたのはルース・レーガンであった。彼女は一九一二（明治四五）年に東京ＹＷＣＡ幹事として赴任しており、横浜ＹＷＣＡの創立に関わっていた。レーガンは主に移民問題の実態調査を行い、移民女性が横浜から出航するまでの二週間で必要な教育をすることを目指した。（ＹＷＣＡ・井上玲子）

アグネス・オルチン

Allchin, Agnes　生没年不詳

オルチンは一九一七（大正六）年に来日し、ベーカーのもとで副総幹事を務めた。ピアノや歌唱指導を得意とし、音楽と英語のクラスを担当。讃美歌や外国の歌を人々に教え、自らもＹＷＣＡの総会や紅葉坂教会で独唱もしたとの記録がある。歌や音楽の力で若い人の心をつかみ、神奈川県立高等女学校など横浜市内の女学校に積極的に働きかけて女学生のクラブを作り、リーダーシップを育てた。一九一九（大正八）年には日本人の女学生ら二五〇人と外国人十数人を指導してページェントを行い、大きな成果を達成。人前で演技をする経験のなかった若い女性を励まし、多くの批判や家族の反対もある中で、成し遂げた彼女たちは大きな感動と自信を得た。オルチンはページェントを通してキリスト教を彼女達に伝えることを大きな使命と考えていたようだ。一九二〇（大正九）年、結婚のためアメリカに帰国した。

（ＹＷＣＡ・金剛静慧）

◇横浜ＹＷＣＡの基礎を築いた外国人幹事（一九二〇年〜一九三四年）

ヘーゼル・Ｐ・ヴェリー

Verry, Hazel P.　生没年不詳

（ＹＷＣＡ）

ヴェリーは大学卒業後イリノイ州ロックフォードＹＷＣＡの総幹事を経て、一九一八（大正七）年来日。日本ＹＷＣＡで二年間の日本語の研修と日本での幹事研修を受けて、一九二〇（大正九）年横浜ＹＷＣＡに総幹事として赴任。前任者メアリー・ベーカーから仕事を引き継ぎ、二代目の総幹事として精力的に働き、横浜ＹＷＣＡの基礎を築いた。海外渡航婦人の講習事業も更に発展させ、アメリカ、ハワイ、オーストラリアへ写真花嫁として渡航する婦人をスタッフ、ボランティアと共に一九二四年アメリカの排日法が成立して移民が禁止されるまで行った。

この時期、横浜は国際都市で外国人が多く往来しており、その宿泊所の設立が急務であった。ヴェリーは日本人のスタッフ横沢つぎと、外国人宿泊所としてふさわしい建物を探して歩き、元スイス領事館を様々な苦労の末借り受けることができた。そこに至るまでにはサムライ商会の野村洋三・ミチ夫妻（後のホテルニューグランド会長夫妻）への協力要請、内外の実業家への資金

依頼などその誠実で熱心な働きが多くの人を動かし実現を可能にした。また財政を立て直すために、キャンペーンを行い、成人会員だけでなく、少女やビジネスガールズクラブ（若い勤労女性のクラブ）も学校、会社で募金活動を繰り広げた。総幹事自らが、YWCA一丸となって働くために、人と人を結びつけ、目的をはっきり相手に納得させる努力を示して進めたのである。集まった募金で日本人のビジネスガールズクラブのための寄宿舎を開設。本牧海岸に休養所を設けた。こうして社会のニーズに叶った活動を開始してまもなく、一九二三（大正一二）年関東大震災のために、YWCAの会館もこれらの施設もすべて倒壊、焼失してしまった。

ヴェリーは震災時アメリカに休暇で帰国していたが、知らせを受けてすぐ日本に戻り、救援のためのテントを張って復興運動に当たり、一九二四年五月には太田町に会館を建てるまでになった。その一年後その会館内に簡易食堂を開設、ヴェリーはその主任として働いた。一九二六（大正一五）年ホテルニューグランドの中にギフトショップを開店、ヴェリーの努力で盛んになった。そうした目に見える働きだけでなく、ヴェリーは日本人幹事を良く指導し、横沢つぎ、国井綾などヴェリーの後継者として日本人の総幹事が一人立ちできるまでに育てた。

またYWCA内だけでなく、外でも良い働きをしていることが窺える記録がある。紅葉坂教会の百年史の中に日曜学校の大人部で英語の聖書研究会を指導したり、婦人会の例会をヴェリー宅で開いたこと、昭和初期アメリカの排日問題が話題になった時、ヴェリーを迎えて話を聞いたなどの記事が残されている。ヴェリーの深い信仰に根ざした誠実な人柄がどんなところでも人の心をとらえて離さないのだろう。

ところが世界大恐慌を境にアメリカ経済も厳しくなってきて、アメリカＹＷＣＡの本部も財政難のため、一九三三（昭和八）年一二月限りでヴェリーに帰国命令が出されたが、翌年三月まで横浜ＹＷＣＡのために働いて、その後二年間恵泉女学校（河井道校長）で教鞭をとった。

河井道は著書『わたしのランターン』の中で、ヴェリーのことを「わたしたちのかけがえのない教師」、「長い年月ＹＷＣＡの幹事として、恵泉の教師として、日本の生活感情をよく理解し、女子青年のためのあらゆる良い仕事について共感を持っていたので、彼女はみんなに愛せられていた」と述べ、ヴェリーに全幅の信頼を寄せていたことが判る。また横浜ＹＷＣＡで会長として長年ヴェリーと共に働いた野村ミチは、彼女を深く理解し信頼していて、後年ヴェリーを人生を通しての友だとも語っている。

一九三六年アメリカに帰国。ウィスコンシン州グリーンベイＹＷＣＡで働き、その後ホーレンベック氏と結婚、カリフォルニア州クレアモントに住んだ。一九五〇年一二月一〇日永眠。ヴェリーの追悼記念会では、彼女の人柄を称賛し懐かしんで、多くの友人が言葉を残している。特に彼女の目覚ましい日本語の習得力が、日本人を尊敬し、どれだけ日本を理解する力になっていたか、抜群の事務処理能力、もの静かながら活発で聡明なリーダーシップ、花や鳥を愛し、詩の朗読を楽しんだなど、ヴェリーのキリスト教に基づく豊かな人生観が偲ばれる。多くの人を愛し、またアメリカ、日本の沢山の人に愛された一生であった。

（ＹＷＣＡ・金剛静慧）

キャロリン・E・アレン

Allen, Carolyn E.　生没年不詳

（YWCA）

アレンは一九一五（大正四）年横浜YWCA幹事に就任し、会員活動に熱心に取り組む中で、横浜市内の女学生を組織したクラブや、横浜で働く女性のためのビジネスガールズクラブ、そして女学校の卒業生対象のクラブなどを作る。ビジネスガールズクラブは人生の経験を積んだ女性を招く講演会や、医師のような専門家を講師に、社会人としての健康管理、教養、知識を身につけ高める勉強会を行った。女学校卒業生のクラブは社会参加を培い、社会への奉仕を積極的に実施した。例えば、盲人学校（現横浜訓盲学院）を訪問し子どもたちと直接交流の場を持つ。また、横浜市社会事業課と協働で行う貧困者への配食等の救援活動に参加。これらしっかりした目的をもったクラブの発足に大きく貢献した。彼女の目は常に女性、特に働く女性に注がれ、資格の必要性を鋭く指摘していることはこの時代にあって注目に値する。

第一次世界大戦時は、日本に避難してくる外国人女性たちのお世話にも大きな働きをした。一九二二（大正一一）年、総幹事のヴェリーが休暇で帰国した間、総幹事の代理を務めた。一九二三年の関東大震災後、アメリカYWCAに状況報告のため帰国し、復興募金を集め、震災

後の復興に大きな力を発揮した。一九三〇（昭和五）年アメリカに帰国するまで一五年間幹事を務めた。

帰国してから一九三七年まで、ミルウォーキーYWCAで副総幹事、ピッツバーグYWCA、シラキュースYWCAで総幹事を歴任。退職後の一九五〇年、「個人の自由」についての研究グループをリード。また人生を諸宗教間交流教育（interfaith education）に捧げ、一九五七年にユダヤ人文化教育促進協会（B'nai B'rith）の人権賞を受賞。一九六二年、全米黒人地位向上協会（NAACP）の生涯メンバーとなる。また一九六四（昭和三九）年、横浜YWCA創立五〇周年記念会出席のため再度来日した。故郷のミルウォーキーで、八六歳で永眠。

彼女がアメリカYWCAに送った報告書の中に、次のようなことが書かれている。

「天の神様はいつも動じないお姿で傍にいて一緒に苦しんで下さる。神様の苦しみを私はどれほど知っているのだろうか。進む道を示しながら、理解し、大きな仕事を任せて下さっている神様に祈りを捧げたい。」

とある。

また、親の決めた結婚に従えず、YWCAに逃げてきた女性を助けられなかった時、「この国の古い家制度から自由にしてあげたかった」と神様に長い時間祈りを捧げている。若い女性が将来の希望に向かって厳冬期に素足、短い着物を一枚着て、手には松明《たいまつ》を持ち頭から水をかぶる風景を目にして大きな衝撃を受け、異国の宗教的風習に疑問を持ったことなどが綴られていて、アレンの信仰と当時の日本女性に対する深い愛と、外国人としてどうにもできない限界を感じた様子が窺える。

（ＹＷＣＡ・岩倉幸枝）

◇関東大震災の犠牲になった外国人幹事

イデス・ルーサ・レイシー

Lacy, Edith Rooser 1889 - 1923

（YWCA）

イデス・レイシーは一八八九年八月三〇日信仰深い両親の下、米国ニューヨーク州に生まれた。ハイスクール卒業後さらに二年程度の家庭科を修め、一九一三年に幸せな結婚をし、一九一六年に女児を出産したが難産で死産であった。イデス自身も、産後の肥立ちが悪く三回も危険な手術をうけた。そして一九一八年、夫フランクが欧州戦争に従軍したが、伝染病のため死亡する。いくつかの悲しい試練を経験した娘に「なるべく早く、なにか有益な事業を始めなさい」と医師である父は勧めた。そこでイデスは一九二〇年ニューヨーク市のＹＷＣＡ本部の幹事養成所に入所し、一年終了の課程をとり一九二一年五月卒業、八月には日本に向けて出航した。

日本に到着してまもなく、語学学校に入学し日本語を一年三か月学び、この時期から亡くなるまで、二週間ごとに書いてよこした六四通の父にあてた手紙がある。そこには彼女の心はまだ過去の悲哀に生きていることが吐露され、亡夫フランクがいつもそばにいてくれて一種の共同事業のような感じがあると述べている。イデスは、主の御用を務めるのに足るものとなるために、いつか帰米し大学に入ってさらに勉強したいと向学心に燃えていた。一九二三（大正一二）年一月に横浜ＹＷＣＡに赴任。外国の婦人のために建てられた山手の「外国婦人の寄宿舎」に一月二二日から三月一〇日まで滞在。そこに外国からやってくる様々な女性たちと交流を持った。総幹事のヴェリーが休暇で帰国した後、アレンがその任にあたりイデスは彼女を補佐するとともにクラブ担当幹事としての仕事もこなした。クラブは全部で六つあり、どのクラブも非常に活発に活動していた。学校をすでに卒業した少女達のルイーズクラブ、フェリス女学校の生徒のクラブ、奥様クラブ、横浜市の公立校の教師のクラブ、中国人の少女達のクラブ、そしてビジネスガールズクラブなどだった。

七月に仙台で開かれた日本ＹＷＣＡ総会にも出席した。河井道を迎えての福音伝道集会を三晩も開いた折には三〇〇人も収容できる場所さえ手狭であり、これらの中にはキリスト教に導かれた人もいた。彼女はアメリカのＹＷＣＡ本部へ「私には大いなる祝福があたえられており、神に感謝してもしきれないほどで、意識的に努力することで自分の生涯を神のためにささげたいと思っています」と述べている。英語を教えるクラスも増えて多忙をきわめたが、病院の看護婦さんや工場で働く少女達のための新しいグループの設立にも意欲的であった。しかし、彼女の夢は一九二三年九月一日の関東大震災によってすべて打ち砕かれ、三四歳という若さでその生涯を閉じたのである。

そこで父のドクター・ルーサは「私は、自立できない人を独り立ちさせる仕事に熱中しています」と書いてよこしたイデスの為、永久的な記念事業を残したいと考えた。彼女の霊も今なお日本の少女達とともにおり、愛し導いているということを知らさなければと思い、多額の寄附を横浜YWCAにした。こうしてレイシー館は風光明媚な本牧の海岸（後に葉山に移転）に「婦人休養所」として誕生し、原三溪より麗翠館《れいすいかん》と命名された。疲れた者、重荷を負う者に休息と慰安を与え、会員のみならず教会関係、日曜学校の子供たちの水泳、研修会、修養会、また宿泊施設として半世紀にわたり広く利用された。当時の会長、野村ミチはイデス・レイシーの生涯を「一粒の麦が地に落ちて死ななければ、それはただ一粒のままである。しかし、もし死んだなら豊かに実を結ぶようになる。」の聖句にもっとも近いものであったと述べている。

一九七九（昭和五四）年その長年の役目を終えレイシー館は閉鎖されたが、現在の横浜YWCA会館の中にレイシー室を設け、イデス・レイシーを覚えて活動する記念の部屋としている。

（YWCA・八木高子）

ドロシー・ヒラー

Hiller, Dorothy　1891 - 1923

（YWCA）

ドロシー・ヒラーは一八九一年三月一四日、米国のサンフランシスコに生まれる。サンフランシスコYWCAで幹事として働いていた時、当時日本でイギリス人と結婚し、お産を控えていた姉のアリスに呼び寄せられた。この時生まれた女の子はこの叔母のドロシーの名をもらい、ドロシー・ブリトンと名付けられた。後に作曲家として、また翻訳家として日本を広く海外に紹介する人となる。

ヒラーは来日するとすぐ、日本YWCAの門を叩き、事務幹事として働く一方、当時ようやく一人立ちを始めた横浜YWCAにも赴き、英語科、英文タイプなど教育部の事業に力を注ぎ、高いレベルにまで持って行った。いくつものクラスが昼の部、夜の部にでき、事業が発展するにつれ、商業学校創設の計画が起こり、専任幹事としてヒラーがあたる予定であった。しかし大震災はこの計画をも奪い去ってしまった。

一九二三（大正一二）年九月一日（土）の関東大震災当日は、彼女の出勤日ではなかったが、当時磯子に住んでいたヒラーのもとに、日本YWCAから電話があり、横浜の郵便局でアメリカのYWCAへ電報を打つよう頼まれた。郵便局で偶然アメリカからの誕生祝いの品を受け取りに来ていたイデス・レイシーに会い、それから二人は人力車で当時完成したばかりの明治屋に向かった。丁度昼頃、二人は最も震災の被害の大きかった弁天通りを通過中で、建物の下敷きになり犠牲となったのである。震災後三週間経って偶然発見され、二人の身元が分かり、ヒラーの義兄であるフランク・ブリトンにより山手駅近くにある「根岸外国人墓地」に二人が共に埋葬された。

戦後再び葉山に戻ってきたドロシー・ブリトンと母のアリスの手により、山手の「横浜外国人墓地」の現在の場所に移された。横浜ＹＷＣＡでは毎年関東大震災のあった九月一日にドロシー・ヒラーとイデス・レイシーを覚えて墓前礼拝を行っている。

（ＹＷＣＡ・八木高子）

◇幹部委員や講師として働いた外国人女性

幹事の他に、創立から一九四〇年頃まで、横浜在住の外国人女性たちが、幹部委員、講師などとしてＹＷＣＡの運営、教育事業に大きく寄与した。当時の記録には、メンデルソン（Mendelson, Jesee）、フィッシャー、スネード（Snade）、ルーミス、ラスト、オルトマンス、ドレーパーらの名前が頻繁に出てくる。

特にメンデルソンは通算一八年にわたり、幹部委員として、寄宿舎、レイシー館の委員を担当し、料理教室の講師としても活躍した。一九二四年五月、アメリカＹＷＣＡ第八回総会（於・ニューヨーク）と万国ＹＷＣＡ大会（於・ワシントン）に日本代表として長谷川喜多子と出席した。また ＹＭＣＡ主事夫人として来日し、ＹＷＣＡの幹部委員として働いたスネードは、移民講習部で海外に渡航する日本人女性の準備教育などの講師として活躍。関東大震災で建物も失ったＹＷＣＡの再建には、こうした外国人女性の働きは大変大きく力強いものであった。

（ＹＷＣＡ・鈴木美鈴）

【参考文献】

日本ＹＷＣＡ「女子青年界」日本基督教女子青年会
日本ＹＷＣＡ一〇〇年史編纂委員会編『日本ＹＷＣＡ一〇〇年史』日本基督教女子青年会　二〇〇五年
横浜ＹＷＣＡ一〇〇年史編集委員会編『横浜ＹＷＣＡ一〇〇年史　年表　一九一三〜二〇一三』横浜ＹＷＣＡ　二〇一三年
横浜ＹＷＣＡ八〇周年史委員会編『この岩の上に　横浜ＹＷＣＡ八十年史』横浜ＹＷＣＡ　一九九三年
国際協力機構ＪＩＣＡ横浜　海外移住資料館　展示資料「日本人の海外移住の歴史」
河井道『わたしのランターン』新教出版　一九六八年
麗翠記念会館編『イデス・ルーサ・レイシー夫人を記念して』麗翠記念会館　一九三九年
「姪ドロシー・ブリトンが語る関東大震災犠牲者ドロシー・ヒラー」二〇一二年　横浜外国人墓地でのレイシー、ヒラー墓参での礼拝記録より
サンフランシスコＹＷＣＡ機関紙　一九一八年　五月号
YWCA of the U.S.A. Records. Record Group 5. International Work, 1890-2000
Sophia Smith Collection
Report of Agnes Allchin January 1920

Report of Mary C. Baker April 1920

Report of Hazel P. Verry Quarterly report October-December 1920

Report of Carolyn E. Allen January 1921

Report of Hazel P. Verry First Quarter 1923

Report of Edith Lacy (Club Work Secretary) Quarter ending April 1923

Memorial Service for Hazel Verry Hallenbeck December 16, 1950

第五章

試練の時代から平和の時代へ

関東大震災　校庭の焼跡に立つ生徒
（共立）

《たくましく生きた女性宣教師》

一九二三(大正一二)年に起こった関東大震災は、東京と周辺の都市を巻き込み、家屋全半壊焼失三七万二六五九戸、死者行方不明一〇万五三八五人(関東地震の被害集計、諸井・武村2004より)、その被害は想像を絶するものがあった。女性宣教師たちが尽力して建てた学校の被害は甚大であった。フェリス女学院のカイパーは、校舎が倒壊し身動きができず、火の手が上がって「神の御心のままに安らかに眠る」として悲惨な死を遂げた。残された教職員、生徒たちの心の中にそのことが深く刻まれて学校の復興に力を与えた。横浜共立学園では、共立女子神学校の校舎だけが残ったが、他の校舎は全て灰燼に帰した。ルーミス校長は、復興に骨身を削って校舎建設に力を注いだ。太平洋戦争の時代には、強制的に帰還させられ、帰国しないと抑留されて収容所に入れられた。ミッション・スクールに残って生徒たちを教え育てることを望んでいたのに、引き裂かれて本国に帰国せざるを得なかった。また、戦時下の生徒たちは制服も着用できず、勉強することもままならず、勤労動員をさせられて国のために青春を犠牲にした。その思いはどうだったのだろうか。敗戦を迎えて平和な世界がやってきた時、ハジス、ウルフ、エーカック、バレンタインに代表される宣教師たちは、喜び勇んで日本に舞い戻ってきた。日本の先生や生徒たちと歓びを分かち合い、平和の大切さを味わった。それは言葉では言い表すことのできないものであった。

(岡部一興)

▼第一節▲試練の関東大震災

ジェニー・M・カイパー

Kuyper, Jennie Marie　1872 - 1923

◇関東大震災で殉職したフェリス女学校の校長

（フェリス）

ジェニー・M・カイパーは一八七二年四月三日、米国アイオワ州ペラ市に生まれた。父ヒューゴは一八四九年にペラに来て、後に総合ストアとなる宝石店を営んだ。仕事は成功し人望も篤く、市会議員、市長、教育委員長などを務めた。ジェニーと同じ一九二三年に亡くなっている。一八八九年から九三年までジェニー・カイパーは、改革派教会系のセントラル・カレッジで「文学および聖書」コースを専攻し、哲学士の学位を得た。学内の文芸団体に所属して雑誌 *The Central Ray* の編集やYWCA活動に励み、学年の副級長でもあった。また在学中からペラ北東にある公立中学校バトルリッジ校で講師もしていた。『ザ・セントラル・レイ』誌に寄稿した一八〜二〇歳頃のエッセイは、歴史上の人物の再評価を試み、それらの人物を引証しつつ生きる意味を考察するもので、文学や歴史を素材にしながら聖書の真理を探究していた。卒業後、イリノイ州のシカゴ大学に入学し、さらにギリシャ、ラテン、イギリスの文学・歴史の研究を深める。学資を得るため公立中学校の教師も継続しており、シカゴ大学を卒業した一八九八年に、母校セントラル・カレッジの講師の地位を得るために公立学校を辞職した。講師の仕事に従事しながら、なお「研究科」に所属して学究を継続し、一九〇一年にシカゴ大学からマスターの学位を得た。その際ラテン部で優秀特別賞を受賞している。この後カイパーはウィスコンシン州ロチェスター・アカデミーの校長となり、自らもギリシャ語・ラテン語を教えた。同校は大学進学前の予備高等学校である。一九〇一年から一九〇五年六月まで同校の忠実な校長・教師であった。

カイパーがどのような経緯で日本宣教を目指すことになったのか、今のところ明瞭な記録はない。セントラル・カレッジや教会を通じて（カイパー家はオランダ出自）、改革派教会の海外宣教情報に接していたであろうし、教職を天職としたカイパーにとって外国伝道は選択肢の一つであり、家族や地元の期待を受けて早くから志願していたのかもしれない。フェリス女学校では、七年務めたハリエット・J・ワイコフがジョン・ヘール宣教師と結婚して退職したため、改革派婦人伝道局はその補充のためジェニー・M・カイパーを送ったのである。一九〇五年九月下旬ペラからサンフランシスコに向けて旅立った。来日した新任宣教師にはまず語学学習が必須であるが、カイパーは最初から週二回の授業を持ち、他の日に東京の日本語学校に通ったと言う。授業のほか、ワイコフが力を入れていた近隣の日曜学校運営も引き継いだ。さらに着任後何か月も経たないうちに、ブース校長夫妻とモールトンの三人が定期休暇で帰米し、学校の宣教師はベテランのアンナ・タムソンと新任のカイパー二人になった。むろん心強い日本人教師たちはいるものの、タムソンは校長代理として学内全般と英語教育を担い、カイパーも授業を分担しつつ、学内外の宗教教育・活動に熱心に取り組んだ。一九〇七（明治四〇）年、生徒による七つの日曜学校の監督と、海岸教会で青年たちのバイブル・クラスを開いている。この年校長らは帰任するが、一九〇八年五月からタムソンが休暇帰米し、カイパーは一九〇八年一一月の両親への手紙で、健康だが大変忙しいと書いている。

タムソンが帰任した一九〇九年一一月、カイパーの結核罹患が判明し、医者から空気のよい戸外で過ごすよう指示が出て、葉山の海のそばに小屋を借りて移住し、しばらく健康回復に努めることになった。一九〇九年の活動については翌年一月、例年通り伝道局に報告を書いているが、それによると、一一月以降は生徒たちが療養先に手紙をよこしたり訪ねてきたりして、学校を離れても精神的な指導と温かい交流がうかがわれる。この一九一〇年一月から少しずつ仕事に復帰したようで、六月の、学校創立者キダー（ミラー）の東京での葬儀に出席し、夏は聖書科の卒業生が伝道に携わる信州地域の応援に出かけ、しばらく滞在している。しかし、一九一一（明治四四）年五月には再び悪化してアメリカに帰らざるを得なくなった。故郷で一年近く休養し、一九一二年四月からコロラド・スプリングスに数か月滞在して十分健康を回復した。故郷で一一月まで再び日本に赴く時を待って、いよいよ一二月にペラを発ち、サンフランシスコ港から横浜に向かった。一九一三（大正二）年一月にフェリスに戻ったカイパーは、二月初めにタムソンが結婚・退職したこともあり、たちまち旧に倍して働くことになった。特に学内のＹＷＣＡの指導や近隣日曜学校の監督などである。日曜日は、午前中二つの教会（フェリスの隣の横浜ユニオン教会と横浜海岸教会か）の礼拝に出席した後、前から続く海岸教会での青年バイブル・クラス、横浜に居住しているフェリス卒業生のクラス、そして学校の日本人女性教師のためと、夜まで三つのバイブル・クラスを持ちフル回転している。一九一六年四月からブース夫妻が休暇帰米した際、カイパーは校長代理を務めた。しかも帰日目前の一九一七年七月に夫人が急逝したため校長の帰校が遅れ、一一月までその立場にあった。

一九一九年六月、カイパーは休暇を得て帰米、一年半の休養とアメリカでの講演活動等に従事したのち、一九二一年一月日本に帰着したが、ミッションから鹿児島伝道の応援を要請され、二月に赴任、主に女性対象の活動に取り組むことになった。その春、フェリスで待望の新体育館が完成した時、カイパーはミッションを代表して献堂式に出席、次のような祝辞を述べている。「人の手によって建てられた建築物は破壊されることがあるだろう。フェリス女学校は建物ではなく、そこで育成された卒業生こそ、真のフェリス女学校を造るものである。すなわち、学校は立派な建物よりも人格を築くことが大切である。」

鹿児島ではバイブル・ウーマンの協力を得て、女学生や既卒者たちのバイブル・クラスを運営し、そこからＹＷＣＡも組織した。織物工場で、他の工場女工も集めて定期的な伝道集会、また県立病院の看護婦のための週一回のバイブル・クラス、その他、男子中学生も含む二つの日曜学校などを運営し、一九二一年だけで、カイパーと助手から定期的に教えを受ける大人と子供は三一五人で、すでに多くの受洗者・信者を得たとミッション報告は伝えている。一九二二（大正一一）年九月、ブースが四〇年にわたる働きを終えて定年退職したあと、カイパーはミッションから呼び戻されてフェリス女学校の校長の任に就いた。この頃「連合キリスト教女子大学」設立に伴う「高等科」の廃止と、カリキュラムを高等女学校に近づける標準化によって、一九一九（大正八）年から生徒数が急増し（三〇〇人）、二〇年度四〇二人、二一年度は五一九人となっていた。二二年度から入学者の制限を図ったが、二三年震災時点の生徒数は六三〇人であった。

一九二三（大正一二）年九月一日、まだ夏季休暇中であったが、カイパーは秋学期の準備のため前日軽井沢から帰校し、朝から校長室で執務していた。一一時近くに、地方で女学校教師をしている一卒業生が訪ねてきた。二人の会話はゲッセマネのキリストの絵から、苦しみの時の主の祈り「この杯を飲むほかに道がないのでしたら、どうか、あなたの御心が行われますように」が話題になった。カイパーは短い祈りをして、昼近くに卒業生を校門まで見送り、校長室に戻った時に大地震が襲来した。机を離れドアから逃れようとしたとき、建物が崩れ落ち梁の下敷きになった。倒れなかった新館から事務員が飛んできたが、校長は声だけで姿は見えない。聞けば体に負傷はないが手を挟まれて身動きがとれないと言う。来合せた人の助けも借りて約一時間、懸命に救出しようとしたが、大きな木材はびくともせず、そのうち元町の火が山手に移り、強い風でたちまち校舎に燃え移った。このことを告げると、倒壊した建物の下から「私は神の御心のまま安らかにここに眠るから、学校の方々と国の友人たちによろしく。火が近づいたので早く安全なところに逃げてください」と。

苦い杯を敢然と受け「御心を成し給え」の祈りを残して、カイパーは校舎とともに炎に包まれていった。カイパーの遺骨は、改革派ミッション在日委員の手で燃え尽きた瓦礫の下から掘り出され、一旦長崎の外人墓地に、そして一九二八（昭和三）年六月横浜外国人墓地に改葬された。その墓碑には、彼女の生涯にわたる神への忠実を示す"THY WILL BE DONE"の言葉だけが簡潔に刻まれている。

（鈴木美南子）

【参考文献】
大西比呂志「ジェニー・カイパーについての研究ノート」『あゆみ』（フェリス女学院資料室紀要）第六六号 二〇一三年

クララ・デニソン・ルーミス

Loomis, Clara Denison 1877 - 1968

（共立）

◇最後のアメリカ人校長

ルーミスがスミス・カレッジを卒業し、更にコロンビア大学で一年間の勉学を終えた時、クロスビーから紹介されてWUMS役員のS・D・B・ドリーマス（WUMS創立者の娘）に会うことになった。そして横浜の共立女学校が校長不在で大変困っているので横浜へ行き校長になることを引き受けてもらえないかと懇願された。熟慮の末、適当な後継者が見つかるまでというつもりでその要請に応えることにした。

クララの父ヘンリー・ルーミスは一八七二（明治五）年に来日した長老派教会の宣教師で横浜第一長老公会（現横浜指路教会）初代仮牧師を務めた。母ジェーン・ヘリングの兄はアメリカン・ボードの宣教師として一八六九（明治二）年来日したダニエル・C・グリーンである。クララはルーミス夫妻の七人の子供の四番目の次女として一八七七年一〇月一四日、米国カリフォルニア州サンラファエルで誕生した。なお第一子ロバートは夭折し、横浜外国人墓地にあるH・ルーミス夫妻の墓には"Little Robert"の名前も刻まれている。

クララと横浜の共立女学校とは誕生以前から不思議な縁で結ばれていた。両親は来日直後の二週間を山手のアメリカン・ミッション・ホーム（共立女学校の前身）で過ごしている。一八七六年父は健康を害し、牧師の務めを辞任して帰国したが、一八八一年アメリカ聖書協会日本支局主幹となり再び家族と共に横浜へ行くことになった。三歳のクララはこの時から山手居留地二一三番の家で幼少期を過ごすことになった。

一九〇一（明治三四）年一二月その思い出深い横浜に女学校の校長という重責を担って到着した。共立女学校は当時初代校長ピアソンが神学校に専念するようになった後来日した第二代、第三代校長は何れも健康を害し短期間で帰国せざるを得なかった。学校の校舎も老朽化していた。二五歳の若い校長の最初の大仕事は新校舎の建築資金を調達することであった。幸いアメリカから多額の寄付もあり、必要額が与えられ一九〇四（明治三七）年一一月三階建ての女学校校舎ドリーマス・ホールとピアソン・チャペルを備えた神学校校舎が完成した。この年校章、校歌、スクールカラー、ピンが制定され第一回樹裁式（卒業記念樹を植える儀式）が挙行された。

ルーミスはＹＷＣＡの活動にも熱心で、一九〇七（明治四〇）年学内にＹＷＣＡを発足させ指導を行った。また自身も横浜ＹＷＣＡ幹事として事業の運営に尽力した。

一九二一年創立五〇年を記念して講堂が増築された。クロスビー講堂と命名された講堂にはルーミスの母ミセス・ルーミスの記念としてニューヨークで購入されたピアノが置かれ、翌年夏には当時まだ珍しいスティーム暖房の設備も備えられた。

校長就任以来二〇年、立派な校舎と設備が完成し、学校全体が希望に溢れていた一九二三（大正一二）年九月、関東地方を大震災が襲った。その時ルーミスは伊香保にいた。前年休暇でアメリカへ帰り、父の伝記を執筆していたが、"Henry Loomis - Friend of the East" を完成させ、六月末日本に戻ってきた。夏を伊香保の卒業生の実家橋本旅館で静養し、九月五日横浜へ帰る予定にしていた。大震災のニュースは伝えられたが、通信手段も途絶え、交通手段も無く、結局一九日まで伊香保に留まらざるを得なかった。前日合流した同僚のM・ロジャースと二人で二〇日に列車で横浜を目指して出発した。目立たないように古着を着て三等車に乗り込み、高崎と赤羽で乗り換え、友人宅に宿泊したりし、横浜に辿り着いたのは二三日の朝であった。途中で目にした東京、川崎の惨憺たる光景に胸の潰れる思いであった。粗末な堀立て小屋が立つばかりの横浜駅から人力車に乗り英国領事館で催されていた震災犠牲者追悼礼拝に参列した後、跡形もなくなっていた元町を通り、墓石の倒壊した外国人墓地へ上がり、電線の溶けた塊と黒こげの電柱が道路を塞いでいる山手の通りを学校へと急いだ。瓦礫の中を神学校のチャペルに向かって進んでいくと、数人の女性が「先生！先生！」と叫びながら二人を目がけて飛んできた。一人はルーミスに抱きつき泣き出した。大正一四年版『基督教年鑑』によると共立女学校の「被害特に甚だしく、その額三〇万、負傷せる教師一、惨死せる生徒一一、住居を焼失せる教師一三、生徒一一一、再興資金予算額三〇万」とある。神学校の校舎一棟は辛うじて類焼を免れたが、寄宿舎、宣教師館、三階建ての女学校校舎、図書室に購入したばかりの大量の書籍、ピアノ、一回も使用されなかった最新の暖房設備も全て灰燼に帰した。

ルーミスは再び新校舎建築のために全力をそそいだ。WUMS本部は特別の資金で購入したバラックの材料を送ってきた。応急の建物としては立派な組み立て式校舎で多方面から見学に来るほどであった。翌年四月からこの校舎で　授業が開始された。だが英和と捜真に委託された生徒の中、専門学校へ進学を希望する者は戻ってこなかった。それは共立が「専門学校入学検査に対する規定による指定校」となっていなかったことによる。指定校問題は長年の懸案であったが、ルーミスは共立の進んだ英語教育の特色が発揮できなくなるという懸念から指定校となることに反対していた。しかし、専門学校進学を希望する生徒も増加している状況から遂に指定申請書を文部大臣宛に提出し、一九二八（昭和三）年に認可された。指定校としての校舎の復興、設備の充実も急がねばならなかった。復興後援会が組織され、復興建築資金の募金が開始された。ルーミス校長はまたしても募金のためアメリカへ向かった。

一九三一（昭和六）年一〇月、WUMS日本伝道開始及び共立女学校創立六〇周年に当たるこの年、ヴォーリズの設計による三階建て新校舎の献堂式、祝賀会が挙行された。この校舎は横浜大空襲による焼失を免れ、現在は横浜市指定有形文化財となっている。しかし、この頃より日本社会は軍国主義に傾き、その風潮はミッション・スクールにも及んでいた。教職員の一部からアメリカ人校長を批判排斥する動きが目立ってきた。ルーミスはこの動きに上手に対応することが出来ず心を悩ませていた。事態を最も憂慮していたのがトレィシーである。

M・E・トレィシー（Tracy, Mary Evarts）は一九〇二（明治三五）年来日し、第三代総理を務めた。ルーミスと母親同士が姉妹にあたり、トレィシーは仲のよい「いとこ」クララを陰に陽に良く支えた。トレィシーがWUMS日本担当書記C・E・マスターズに宛てた一九三六年一月二〇日付け書簡を読むとこの問題の深刻さとその後の経緯を知ることが出来る。トレィシーはこの問題の唯一の解決方法としてルーミスの後任には名実共に立派な日本人校長を就任させることが最適であると提案している。本部理事会もこれを了承した。学校の理事会は理事長有吉忠一と理事毛利官治が極秘のうちに新校長の人選にあたり、笹尾粂太郎《ささおくめたろう》の名前が挙った。ルーミスとトレィシーは早速面会した結果、笹尾が立派なクリスチャンジェントルマンであり、見識高く、高潔な理想の持ち主であるという印象を受けた。その上、笹尾の父親　勝蔵牧師はヘンリー・ルーミスとも面識があったと分かり、親しみを覚えた。ルーミスの後任としてこれ以上の人物はいないと判断し本部に報告した。そしてもし賛成であるなら返事は一言〝Approve〟か〝Agree〟という電報を打って欲しいと伝えている。本部は〝Approve〟の電報を送ってきた。

一九三六（昭和一一）年四月笹尾粂太郎は第五代校長に就任、ルーミスには名誉校長の称号が贈られた。一一月ルーミス校長勤続三五年感謝会が盛大に行われ、その一週間後ルーミスは帰国の途についた。トレィシーも一九三九年七〇歳の定年を迎え帰国した。

なおルーミスは一九三九（昭和一四）年再来日して同志社大学と同志社女子専門学校で約一年半教鞭をとった。共立創立八〇周年、九〇周年の記念式典の折にも来日した。晩年はクレアモントのピルグリム・プレイスで平穏な日を過ごしていたが、一九六八年九月五日心臓発作のため天に召された。九〇歳であった。同窓会は横浜外国人墓地にある両親の墓の前に記念碑を建てた。三階建て校舎の一室は「ルーミスルーム」と名付けられ同窓生が最後のアメリカ人校長を偲んでいる。

（安部純子）

【参考文献】

『横浜共立学園六十年史』横浜共立学園　一九三三年
Letter of M.E. Tracy to Miss C.E.Masters, January 20, 1836
Clara D. Loomis "Henry Loomis – Friend of the East" Fleming H. Revell Co.1923
中武香奈美「米国人女性宣教師たちが残した関東大震災の記録」『横浜開港資料館紀要』第三二号　二〇一四年
（二〇一一年六月横浜開港資料館は在日米国大使館より、「クララ・D・ルーミス旧蔵文書」全七点の寄贈を受け、このうち関東大震災の記録として特に重要と思われる文書を翻訳紹介している。本稿ではこの資料により伊香保から横浜へ戻る間のルーミスの記録を要約した）

クララ・カンヴァース

Converse, Clara Adra 1857 - 1935

◇捜真女学校第二代校長

（捜真）

クララ・カンヴァースは、ネーサン・ブラウンの没後、その妻シャーロット・ブラウンが始めた英和女学校、のちの捜真女学校の校長になるため、アメリカ婦人バプテスト外国伝道協会から派遣され、一八九〇（明治二三）年一月二五日、横浜に到着した。

ネーサン・ブラウン夫妻は一八七三（明治六）年二月に来日し、妻シャーロットはその年に近所の少女たちを教え始めた。しかし、病気のため続けられず、一八七五（明治八）年一一月、アメリカ婦人バプテスト外国伝道協会から派遣された最初の独身女性宣教師の一人として来日したクララ・サンズがその塾を引き継いで発展させる。『新約聖書』の翻訳に専念する夫を支え、家事と育児に専念していたシャーロットは、一八八六年一月一日にネーサン・ブラウンが召天したのち、一時帰国するクララ・サンズのもとにいた六名の女子を預かることになる。

シャーロットは、とりあえず、山手居留地六七番の自宅裏手にある、夫の聖書印刷所の二階に少女たちを住まわせ、そこで教育を始めた。今度は本格的に日本の女子教育を始める決心をしたシャーロットは、実際に仕事を進めるための助手を得ようと、WUMSによって創設された共立女学校にその人選を依頼した。推薦されたのは翌一八八七年に卒業するエイミー・コーンズ、のちの山田千代子であった。

当時、他のミッション・スクールはすでに立派な校舎で教育を行なっており、バプテスト教会の牧師や信徒の間から学校創設の要望があったので、シャーロットは婦人ミッション本部に校舎建設の資金と有能な教師の派遣を要請した。その結果、一八九〇(明治二三)年、クララ・カンヴァースが来日し、翌年、山手居留地三四番に校舎が建設された。

クララ・カンヴァースは、一八五七年四月一八日、米国バーモント州南部のグラフトンで、農業を営む父ニュートンと母メアリーの八番目の子供として生まれた。クララの父ニュートンは物堅い清廉な人、清教徒の子孫らしく黙々と農耕にいそしんでいた。母メアリーは慈しみ深い信仰の人、子供たちを幼い頃から教会へ連れて行き、「人は外の顔かたちを見、主は心を見る」と教えた。このように堅実な信念を持つ両親から受けた家庭教育、とくに、「神を敬い、人を愛して世のために尽くし、人の心の友となる」という母から受けた精神はクララの一生を貫いた。

小学校を卒業後、ランドルフにあるバーモント州立師範学校に進学、一八七三年六月に卒業し、一六歳でグラフトンの小学校教師となった。しかし、当時アメリカの教育界に影響力を及ぼしていたスイスの教育家ペスタロッチの「人間愛に基づく教育理念や感覚を基礎にして心を働かせる指導法」などに感銘を受け、さらに自分の教養を高める必要を感じ、一八七六年、近くのサクストンズ・リヴァーに開設されたばかりのバーモント・アカデミーに入学する。その年カンヴァースは受浸した。当時バーモント州の公立中等教育機関はまだ発達しておらず、教会が設立するアカデミーが急増していた。これらのアカデミーは単に知育を行うばかりでなく、設立母体である各教派の信仰に根ざした徳育に力を入れた。一八世紀後半から、バプテスト派はバーモント州ばかりでなく、ニューイングランド全域で優勢になってきたので、バーモント・バプテスト協会は、一八六九年の年次総会で、若者の人格形成にあたり、知的訓練のみならず、キリスト教に基づいた霊的訓練を行う男女共学の中等教育機関バーモント・アカデミーを、一八七六年にサクストンズ・リヴァーに開設する決意をした。対象となるのは九年生から一二年生、現在の日本の中学校三年から高等学校三年までの四年間である。この学校は幾多の困難を乗り越えて、現在も私立の進学校として四年間の教育を行なっている。

一八七六年、創立と同時に入学した生徒の中には、クララ・カンヴァースのように三年で卒業した者がいることが、レヴィット校長あての彼女の手紙(一九三四年七月五日付)に記されている。一八七九年の卒業生は一五名、進学コースは彼女を含めて二名である。

バーモント・アカデミー卒業後、カンヴァースはマサチューセッツ州ノーサンプトンのスミス・カレッジに進学する。スミス・カレッジは一八七五年創立の名門女子大学であるが、当時は学生数も少なく、彼女が卒業した一八八三年の卒業生は四九名である。

スミス・カレッジ卒業後、二六歳でバーモント州視学となるが、一年後に母校バーモント・アカデミーに招かれ、教師となり、ギリシャ語、ドイツ語、修辞学、数学を教える。単に学識や能力が優れているばかりでなく、その信念に満ちた、魂をゆさぶらずにはおかない人柄が、学生たちに及ぼす感化は顕著で、校長や学監の信頼も厚く、前途に期待をかけられていた。カンヴァース自身も母校を愛し、熱意をもって誠実につとめていた。

ところが、しばらくすると、カンヴァースは、自分に何か他になすべきことがあるのではないかと感じるようになった。何度も祈り、ついに心に決めたことは、宣教師になることであった。かつてバーモント・アカデミーの学生であったとき初めて抱いた外国伝道の夢を、今、実現したいと思った。しかし、宣教活動や宣教師のことについて十分な知識は持っていなかった。

また、「人の魂をキリストに導くというような特別な熱意は少しも起こらなかった。それは、私の能力の遠く及ぶところではないように思えたから」と彼女は述べている。しかし、一八八八年八月、父の死に会い、その遺体のかたわらに立ったとき、天の父なる神をとくに身近に感じ、神の道を伝えに外国に行けとささやかれたような気がした。彼女は耳をふさぎ、その呼びかけから逃れようとした。しかし、その声は次第に大きくなり、ある夜、彼女は宣教師にならなければ自分は神に背くことになると確信した。宣教師の仕事や未知の国に対する不安を取り除くことができないまま、祈りを重ね、熟慮の末、一八八九年五月、カンヴァースは、バーモント・アカデミーに辞表を出し、アメリカ婦人バプテスト外国伝道協会に宣教師志願を申し出た。それは、シャーロット・ブラウンが教育宣教師を要請した直後であった。

一八九〇年一月七日、クララ・カンヴァースはサンフランシスコを出航し、横浜に向かう。はからずも、病気療養を終えて帰任する駿台英和女学校長アンナ・キダーと同室になり、日本における宣教活動、女子教育についてさまざまなことを学ぶ。この出会いについて、カンヴァースは、「ミス・キダーのようなしっかりした思慮深い人物と親しくなれたことは宣教師として自分に与えられた数々の恵みの最初の一つである」と述べている。

同年一月二五日、横浜に到着したカンヴァースを出迎えたのは、シャーロット・ブラウンと同派の宣教師たちである。すぐに山手居留地六七番のブラウンの住居に案内された。住居裏手の聖書印刷所二階の「英和女学校」と呼ばれる塾で学んでいたのは、五歳から一七歳までの二三人であった。その年の九月、シャーロットはウィリアム・アシュモアと再婚し、中国で宣教活動をするために横浜を去った。あとに残されたのは、校長として全責任を負わされた三三歳のクララ・カンヴァースと二三歳の山田千代子であった。

一八九一（明治二四）年一二月、山手居留地三四番にミッション本部から送られた資金で建てられた校舎が完成し、移転する。校舎のために最初に献金した女性の名前にちなんで、校名を「メリー・エル・コルビー・スクール」と改めた。また、"Seeking Truth"（真理を捜す）を日本語に訳し、「捜真女学校」と命名した。山手で女学校は順調に発展したが、将来のさらなる発展のためにより広い校地が必要とカンヴァースは考え、調査検討の結果、一九一〇（明治四三）年神奈川区中丸の現在の場所に移転した。

関東大震災で横浜は大きな被害をこうむった。山手にあった共立女学校は倒壊、焼失したが、神奈川に移転した捜真女学校は大きな被害を受けなかったので、共立女学校から三二名の生徒が委託された。また罹災した関東学院（当時は男子校）は一〇月一五日から翌年二月まで捜真女学校の校舎を午後使用した。

一九二五（大正一四）年七月、カンヴァースはようやく後任が得られたので、校長を辞任した。学外に居を移して、その後一〇年、名誉校長として捜真女学校の歩みを見届け、一九三五（昭和一〇）年一月二四日、満七七歳で召天、生前用意していた三ツ沢墓地に埋葬され、今も三ツ沢の墓所から捜真学院を見守っている。

（小玉敏子）

【参考文献】
『カンヴァース先生』捜真女学校同窓会　一九六二年
『捜真女学校九十年史』捜真女学校　一九七七年
横浜プロテスタント史研究会編『横浜開港と宣教師たち』有隣堂　二〇〇八年
Vermont Academy: a History of Survival and Success (Vermont Academy, 1990)

▼第二節▲戦時下の抑留生活

オリーブ・アイアランド・ハジス
Hodges, Olive Ireland 1877 - 1964

◇日本の人々を愛しぬいた宣教師

（英和）

ハジスの来日は一九〇二（明治三五）年九月であった。横浜に到着し、一年間名古屋にて伝道と日本語研究にあたる。その後、横浜英和女学校で教師を一年勤め、いくつかの教科（代数、幾何、物理、体操）を教えた。一九〇四（明治三七）年にウイリアムスの賜暇帰国により第八代校長に就任する。学校の移転、関東大震災の体験、太平洋戦争時の抑留と強制送還を経ながらも自分が監督をした学校に思いをよせていた。彼女の逝去後、一九六五（昭和四〇）年に『私たちのハジス先生』が発行された。ハジスの遺稿を含む卒業生達と学校関係者の総勢六〇を越える人々の文章を読むと、彼女が如何にすぐれた宣教師であったかがわかる。

ハジスは米国ウエストバージニア州にて父ジェイムス・ファイフ・ハジス、母イライザ・アイアランド・ハジスの次女として生まれた。七人の兄弟姉妹で幼少時代から活発な遊びに、学びにと、知識欲旺盛な日々をすごしていた。この地域はメソジスト・プロテスタント派の教会(MPC)が多く、ハジス一家も熱心なMPCのクリスチャンの家庭であった。

ハジスは一五歳にしてカルフーン・カウンティの教員試験に合格し免許状を受けている。その九月にハンチィントンの州立師範学校の三年に編入した。ハジスは教師リー(Lee, Venie J.)との出会いによって、大きな影響を受け、宣教師になる決心をした。

外国伝道についてはリー女史の助言、協力が決定的なものであった。当初ハジスは中国伝道を志していたが横浜の学校が彼女の来日を求めていた。山手居留地二四四番の横浜英和女学校で教育と宣教活動に携わる者となった。

彼女の業績は数々あるが、山手居留地のキャンパスを南区蒔田の丘(横浜英和学院の現在地)へ移転したことが最も大きなことであった。ハジスは「学びたい人はたくさんいるが山手の校舎では百人がせいぜいである。」としてもっと広い土地をさがした。地主との果敢な交渉の結果、蒔田の丘に一万五一八〇平方メートル(山手居留地二四四番の約一〇倍)の土地を入手した。と一言でいってしまうと簡単であるが、彼女の苦労はここからが大変であった。山手の不動産はなかなか買い手がつかなかった。蒔田の丘に学校が建つまでお金の工面に明け暮れたハジスであった。しかし、彼女への協力者、支援者は彼女を勇気づけた。来日途上に出会ったヘンリー・ハインツの支援は今もハインツ庭園として学院の歴史に留められている。理事会も結成され、学校の形態も整っていった。関係者はハジスの相談を受け資金募集にのりだした。横浜英和女学校の充実（幼稚園から女学校まで）は着々と進み、キリスト教教育は生徒の心に深く根付いていった。山手から移築したマカスリン礼拝堂は窓を飾る美しいステンドグラスと共にここで学んだ生徒達にとって誇りになって今に継承されている。

この希望に満ちた蒔田の丘にも一九二三（大正一二）年九月一日におそった大地震は彼女を震撼させた。当日、ハジスは軽井沢にいた。夏休みも終わろうとしていたその時、彼女は東京、横浜方面に大きな被害があると知らされた。先ず生徒や教師たちの安否を思い、また借入金の返済の終わっていない体育館等の建物は無事だろうかと気をもみながら横浜に到着するまでに四日を要した。彼女の個人的なアルバムのなかに不思議な数ページがある。道々、見たであろう地震の凄まじい破壊の様が撮影されたものである。手札サイズで二〇枚ほどが無造作に添付されている。後にどなたかから入手した物のようである。

地震の衝撃もさめやらぬうちに、世界大恐慌である。さらに軍靴の響きは不気味に忍びよっていた。一九四一（昭和一六）年太平洋戦争の勃発である。ハジスは愛してやまない日本の敵国の一人とみなされるに至った。戦時下のキリスト教学校の生きる道は経営を日本人にまかせるほかなかった。理事会は校名を敵国の「英」の文字を避けて、成美学園（典拠は教育勅語と論語の顔淵篇）とした。ハジス、ともう一人の外国人（ウルフ）の身柄は警察官に引き立てられ、収容所に抑留されたのである。前述した『私たちのハジス先生』によると、日米開戦から抑留生活に突入したハジスたちの様子を見ることができる。

抑留生活の印象は様々であろうが、ハジスは"Readers Digest"に掲載されたロバート氏（ハジスと同じ収容所に半年間収容され最初の交換船で帰国した人物）が東京収容所を非難した〈ある「敵国の市民」〉を読み、自分も書くべきと思ったと考えられる。ロバートが「東京悪夢、日本一ひどい強制収容所」と評しているのに対し、ハジスは「友情の家」と名付けたいと思うと記している。

一九四一年初頭、すべての宣教師の引き揚げが命じられていた。ハジスは要職についていたので、今こそこの国に必要な仕事であるとして留まっていた。一二月八日ついに天皇陛下がアメリカに対して宣戦布告をしたことを知らされた。外国人担当の警察官の来校により、教壇に立つことを禁ぜられ、外出の制限等「敵国市民」としての生活が始まった。一九四二（昭和一七）年六月最初の日米交換船が出航した。多分、第二便に乗れるだろうと通知を受けていた。ところが、九月一八日に二人の警察官が来てハジスとウルフを強制収容所に連行した。支度はたった一時間しかなかった。最初は横浜のボート・クラブに連れていかれ、その後、一〇月に東京の収容所（現田園調布学園の一画、当時は幼稚園のあった場所）に連れて行かれた。ハジスは次のように綴っている。

「予想していたような有刺鉄線の塀もなく、私の学校の運動場にあるものと同じ普通の垣根であった。いつも制服に身を固めた警官がいるので、私は刑務所に居るのだと意識するのだった。が次に思い出したのは、物凄い数の警官が皇居を取り囲んでいるのを見たことである。ああ自分達は囚人ではない、皇族なのだと考えようと決めた。あるとき退屈そうな警官に声をかけた。『なぜ数人の婦人を逃がさないため、見張りにこんな大勢の警官が必要なのか』と尋ねてみた。彼は驚いたように私を見て『一体どこへあなた方は逃げられると思っているのですか。我々はあなた方の逃亡を見張っているのではない。ここにいるのはあなたがたを守るためです。』と答えた。まさしく皇族扱いだったわけです。（ハジスは禍を福となすユーモアと機転を働かせて収容所の生活を好転させていった。）収容所にはおよそ百二十人の婦人と二人の子供が収容されていた。月に一度、聖餐式を行うため日本人の牧師に来てもらい礼拝を守ることがゆるされた。旧教徒は日本人の司祭により毎日ミサを行う許可を得た。私は次第に警官との交渉を拡大し、抑留者の友人たちとの接触は規制されていたが、日本人の友人たちが携えて来てくれた物品を手にする手助けもしてもらった。粗末な食品からも工夫してケーキをつくってクリスマスを祝った。この収容所を考えようによっては『友情の家』だと名付けて収容所の思い出を記したい。」

一九四三（昭和一八）年九月、ハジスとウルフはついに最後の日米交換船（帝亜丸）で帰国した。日本への思いを残しての帰還であった。

一九四九（昭和二四）年、ハジスは再来日し、本来の宣教に専念した。今度は日本に骨を埋める覚悟で教会籍も日本に移した。学園はハジスに名誉学園長の称号を贈った。最後は成美寮に近い茅ヶ崎教会で聖書研究を開いて若者たちの指導にあたった。来日当時からその美しい優雅な佇まい、高潔な人格、慈しみに溢れた生徒たちへの導き方に全幅の信頼がよせられていた。

ハジスは一九六四（昭和三九）年、卒業生（丘光会）により米寿を祝福され、一〇日後の一月二五日に天に召された。心筋梗塞であった。今は青山霊園外国人墓地に日本の土となっている。

（森山みね子）

【参考文献】
John Krummel, The Methodist Protestant Church in Japan
『私たちのハジス先生』ハジス遺稿集　学校法人成美学園　一九六五年

M・エヴェリン・ウルフ

Wolfe, Maud Evelyne　1888 - 1967

（英和）

◇外国人収容所での抑留生活

ウルフは一八八八年一〇月一五日米国ウエストバージニア・ショート・グリークウイーリング

に生まれた。一家は長老派の教会員であった。一九一〇年ウエストバージニア州立大学を卒業した。一九二〇（大正九）年一〇月第八回世界日曜学校大会を機に来日し、翌々年四月横浜英和女学校の教師に就任した。当時、山手居留地二四四番館から蒔田の丘に移転して間もないころで、オリーブ・I・ハジス校長が奮闘していた。ウルフは数字に強い特技をもっていたので会計係としてハジスを助けた。

一九二五年にWFMS（婦人外国伝道会）の現地採用契約講師となり、一九二五年から一九四三年までの宣教師に任命された。これを機に教育学を学ぼうと一九三一年にウエストバージニア州立教育大学及びコロンビア大学教育学部で研修した。

時代は日米開戦に突入する不穏な時であった。彼女たちの夢も計画もはかなく崩れ、「敵国の市民」として扱われるに至った。一九四二（昭和一七）年九月、ハジスとともに強制収容所に連行された。その後、東京の外国人収容所での抑留生活が暫し続くがハジスを助け、終始行動を共にした。一九四三年九月、最後の日米交換船でハジスと共に帰米した。戦後三年にして再び来日し前の任についた。この時、学校名は成美学園となっていた。一九五四（昭和二九）年六月、定年で退任し帰国した。

一九六〇（昭和三五）年一一月学園創立八〇周年記念式典に参列のため来日した。その直後、請われて再び教鞭をとった。速記、タイプ、英語を教えた。当時、学園は本館建築の最中であった。ウルフは学園に支援を惜しまなかった。当時予防医学の医師でもあった校長の湯本アサは生徒の健康のため全校完全給食を計画していた。その食堂を本館の一階に設置して給食指導をしようとしていた。ウルフはテーブル（ピンクのデコ張り六人掛け）と椅子を二クラス分寄贈して、生徒の給食学習に寄与した。テーブルを裏返すとウルフの寄贈であることが記名押印されている。五四年を経た今日も使用に耐えている。もう一つの贈り物は池である。本館吹き抜けにレンガで縁どりした約一〇〇平方メートルの池をウルフは寄付した。鯉や金魚が飼われ、夏には睡蓮も清々しく咲く中庭の池で子供たちのお気に入りのスポットでもあった。

ウルフは一九六二（昭和三七）年一一月帰米し、宣教と奉仕活動を続けた。一九六七年一月二三日逝去された。享年七八歳であった。同年三月一一日に成美学園（現横浜英和学院）はウルフの追悼記念礼拝をもった。プログラムが残っている。場所は三代目マカスリン礼拝堂（現横浜英和学院礼拝堂）で、成美学園、丘光会、日本基督教団横浜本牧教会が主催した。学園宗教主任露木昌一の司式のもと礼拝が執り行われた。遺族の挨拶に Mr. Maj William Lucas（故人の甥US空軍将校）が立たれた。礼拝後〈思い出を語る会〉がもたれた。

「私はウルフですが怖がらないでください」と冗談も言われる教師で、英会話の授業は楽しいものであった。日本語にも通じているところからくる適切な授業がなされたためと、当時の生徒は述懐している。大正、昭和と激動の日本の宣教に物心両面で尽くした宣教師であった。

一九九五（平成七）年四月、思いがけない人がウルフの遺品を学院に届けてきた。町田市に住む小林守信氏である。彼は横浜英和女学校付属幼稚園を一九三一（昭和六）年に卒業している。

「一九五四年に米国オハイオ州立大学留学の際、ウルフ先生に実質的に全額保証留学の保証人になっていただき、五九年に同大学工学部を卒業し、一九六〇（昭和三五）年一〇月に帰国した。」という人物である。幼稚園卒の者にさえ援助を惜しまない宣教師ウルフであった。（森山みね子）

第六章　カトリック教会の日本再宣教

横浜天主堂　（開港資）

《日本再宣教への道》

日本に初めてキリスト教を伝えたのは、一六世紀に来日したザビエルだった。一六〇一年ヴァリニヤーノの書簡によると、キリシタンの数は、三〇万人と急速に伸び、その後も教勢が上がった。その原因には、時代の大きな混乱の中で、来世における救いを求めて生きようとする人々の願いがあったと考えられる。しかし、一六一二（慶長一七）年江戸幕府によるキリシタン禁令によって、息の根を止められた。幕末維新期の再宣教では、一八四四（弘化元）年フォルカードが沖縄に上陸したが、布教することはできなかった。その後の布教はパリ外国宣教会が独占し、その地域は横浜、長崎、神戸、函館へ展開し、一八六五（慶応元）年には、大浦天主堂で潜伏キリシタンが先祖伝来の信仰を告白する事件が起こった。一八七三（明治六）年二月、カトリックではキリシタン禁令の高札撤廃前後から宣教師の来日が多くなっていった。

女子修道会でいち早く来日したのは、一八七二（明治五）年幼きイエス会のサン・マティルドの修道女の一団である。その後修道会が数多くつくられ、その修道会が教育、医療、社会福祉の分野で活動した。マリアの宣教会フランシスコ修道会の活動では、一八九八（明治三一）年熊本のハンセン病院に五人の修道女が派遣され、一九〇九（明治四二）年には札幌に七人の修道女が入り、病院、診療所、孤児や老人の施設、看護婦養成所などにあたった。横浜では、一九三五（昭和一〇）年横浜一般病院に看護修道女が派遣された。

（岡部一興）

▼第一節▲日本再宣教と女子修道会

▼パリ外国宣教会と「宣教の春」

大航海時代にポルトガル・スペイン両国が掌握していたカトリック宣教の主導権を取り戻すため、一六二二年、ローマ教皇庁は布教聖省（現在の福音宣教省）を設置、近代宣教への道を開いた。同じ頃、アジア各地ではキリスト教に対する弾圧が激しく、その標的になりやすいヨーロッパ人宣教師に代わって、信徒に秘跡を授けることのできる現地人聖職者の養成が急務と考えられていた。そこで教皇庁は、アジア人司祭を養成するための宣教師と司祭を叙階できる司教を、大航海時代の宣教と直接関わりのないフランス人司祭の中から任命することにしたのである。こうして一六五八年から翌年にかけて、三人の司教が派遣された。パリ外国宣教会 Société des Missions Étrangères de Paris（以下ＭＥＰ）の誕生である。

一九世紀に「宣教の春」と呼ばれる時代を迎えると、ＭＥＰはカトリック教会による宣教活動の先頭に立った。この宣教の世紀というべき時代、全世界に派遣されたカトリック宣教師は約六万一〇〇〇人に上る。このうちフランス人は約四万一〇〇〇人であった。フランス語を母語とするＭＥＰ宣教師は二二〇〇人を、フランス人修道女は三万五〇〇〇人を超えた。フランス革命によってカトリック教会は大きな打撃を受けるが、その後「カトリック教会の長女」フランスでは信仰復興の運動が活発になり、海外宣教に対する使命感の高揚が見られたからである。修道女の派遣が多いのは、蒸気船や鉄道、スエズ運河開通といった輸送の進歩を背景としている。

この活動は信仰弘布会や幼きイエズス会などの宣教支援団体に寄せられた、信徒の祈りと献金に支えられていた。一八四七年には「日本の改宗を祈る会」が、フランス東部の小村ディーニャに設立されたことも付加しておきたい。

▼日本再宣教への道程

一五四九年のイエズス会士フランシスコ・ザビエルの渡来に始まる日本のカトリック宣教は、江戸幕府による鎖国政策とキリシタン禁令（禁制）によって途絶した。一七世紀前半、最後の司祭が殉教すると、司牧者を失った信徒たちは密かに信仰を継承するようになる。潜伏時代の始まりだ。爾後《じご》二〇〇年を超える歳月を経て、一八五八（安政五）年に締結された日仏修好通商条約で、神奈川・長崎・神戸などの開港場におけるフランス人に信教の自由が認められた。こうして翌年MEPのプリュダンス・S・B・ジラール（Girard, Prudence S.B.）が来日、一八六二（文久二）年横浜天主堂を献堂、カトリック教会念願の日本再宣教が緒についたのであった。

カトリック教会は開国に先だって再宣教の準備を進めていた。一八四四（弘化元）年、MEPのテオドール・A・フォルカード（Forcade, Théodore A.）が那覇に上陸、二年間滞在して、日本語の学習に励んだ。日本への上陸は叶わなかったが、鎖国を乗り越えた宣教師と言えよう。一八四六（弘化三）年には、日本代牧区が設置され、フォルカードは初代代牧区長（司教）となった。その後は、那覇で語学研修をした宣教師が、開国直後に外交官の通訳兼司祭として日本に入ったのである。

こうして幕末維新期の再宣教をほぼ独占的に担ったMEP宣教師は、横浜から長崎へ、神戸へ、函館へと活動を広げていく。特に、一八六五（慶応元）年、長崎では献堂直後の大浦天主堂で潜伏キリシタンが先祖伝来の信仰を告白した、奇跡的な「日本の信徒発見」があり、宣教師は異教徒の改宗と潜伏信徒のカトリック教会復帰という二つの仕事を並行して行うようになる。しかし、江戸幕府に続き明治政府もキリシタン禁令を受け継ぎ、浦上四番崩れをはじめとする弾圧が九州各地で始まった。

この大弾圧の時代に日本再宣教を牽引したベルナール・T・プティジャン（Petitjean, Bernard T.）司教（日本代牧区）は、明治政府がキリシタン禁令の高札を撤去するという形でキリスト教の信仰を黙認した一八七三（明治六）年前後から、将来の教育や社会事業の担い手として、修道士と修道女の来日を画するようになった。彼の後継者となる司教たちも、教勢の拡大に伴い各修道会に来日を要請、カトリック宣教に新しいページが開かれることになる。

▼女子修道会の来日と活動の展開

ＭＥＰが再宣教を担っていたため、明治期に来日した女子修道会はフランスで創立された会が多い。一八七二（明治五）年横浜に上陸した幼きイエス会（ニコラ・バレ）〔一六六二年設立〕が一番早く、次が一八七七（明治一〇）年神戸に入ったショファイユの幼きイエズス修道会〔一八五九年〕である。いずれもプティジャン司教が招聘した。翌一八七八（明治一一）年、ピエール・Ｍ・オズーフ（Osouf, Pierre M.）司教（北緯代牧区）の招きで、シャルトル聖パウロ修道女会〔一六九六年〕が函館で活動を始めた。ジュール・Ａ・クザン（Cousin, Jules A.）司教（長崎教区）の依頼を受けて一八九七（明治三〇）年熊本に渡来したマリアの宣教者フランシスコ修道会は、一八七七年インドで創立されたが、派遣された修道女の多くはフランス人であった。一八九八（明治三一）年には、厳律シトー会〔一二世紀、一七世紀に大改革〕が函館に渡来している。

二〇世紀になると、一九〇八（明治四一）年にイエズスの聖心会〔一八〇〇年、フランス〕と聖霊奉侍布教修道女会〔一八八九年、オランダ〕をはじめ、一九二〇（大正九）年には殉教者聖ゲオルギオのフランシスコ修道会〔一八六九年、ドイツ〕、一九二一（大正一〇）年にヌヴェール愛徳修道会〔一六八〇年、フランス〕、一九二五（大正一四）年に聖ドミニコ宣教修道女会〔一六八八年、マニラ〕、一九二六（大正一五）年に無原罪聖母宣教女会〔一九〇二年、カナダ〕、一九二八（昭和三）年に聖体と愛徳のはしため礼拝修道女会〔一八五六年、スペイン〕、ベリス・メルセス宣教修道女会〔一五世紀、スペイン〕、一九二九（昭和四）年に扶助者聖母会〔一八七二年、イタリア〕、一九三一（昭和六）年に聖ドミニコ女子修道会〔一八五三年、フランス〕、一九三二（昭和七）年にコングレガシオン・ド・ノートルダム〔一六五八年、カナダ〕、一九三三（昭和八）年に女子跣足《せんそく》カルメル修道会〔一四五二年〕、クリスト・ロア宣教修道女会〔一九二八年、カナダ〕、聖ビンセンシオの愛徳姉妹会〔一六三三年、フランス〕、一九三四（昭和九）年に聖血礼拝修道女会〔一八六一年、カナダ〕、聖母被昇天修道会〔一八三九年、フランス〕、聖心侍女修道女会〔一八七七年、スペイン〕、一九三五（昭和一〇）年に煉獄援助修道会〔一八五六年、フランス〕と善き牧者愛徳の聖母修道会〔一八三五年、フランス〕、一九三六（昭和一一）年に聖ウルスラ修道会カナダ修族〔一六三九年、カナダ〕、一九三七（昭和一二）年にメリノール女子修道会〔一九一二年、アメリカ〕が来日した。

多くの修道会が、教育、医療、社会福祉などの分野で活躍した。とりわけ、ハンセン病療養所、孤児や老人の施設、幼稚園や女子のための学校の運営を通して、日本宣教に大きな貢献をしたのである。こうした数多の女子修道会の中で、日米開戦前に神奈川で活動したのは、幼きイエス会（ニコラ・バレ）とマリアの宣教者フランシスコ修道会であった。戦後には、シャルトルの聖パウロ修道女会、聖体と愛徳のはしため礼拝修道女会、聖心侍女修道会、クリスト・ロア宣教修道女会なども横浜司教区での働きを始めた。

日中戦争、太平洋戦争勃発、カトリック教会も試練の時代を経験、修道女は国内で施設に収容されたり、帰国を余儀なくされたりして、活動は大きな制約を受けることになる。（中島昭子）

▼第二節▲修道女の活動

マリ・ジュスティーヌ・ラクロ

Raclot, Marie Justine 1814 - 1911

◇キリシタン禁令下に来日した最初の修道女

（サンモール）

ラクロすなわち修道名サント・マティルド（Sainte Mathilde 以下マティルド）は、幼きイエス会（ニコラ・バレ）（以下幼きイエス会）の修道女である。キリシタン禁令の高札が撤去される前年一八七二（明治五）年、プティジャン司教の呼びかけに応え、カトリック再宣教後初めての修道女として横浜に上陸、社会事業と教育の分野で大きな貢献をした。

マティルドは、一八一四年二月九日、フランス東部ロレーヌ地方ヴォージュ県の小村シュリオヴィルで生まれた。ジャンヌ・ダルクの出生地ドンレミ村に近い所である。祖父は村長、父は公務員であった。敬虔な信仰を持ち教育熱心な父の勧めで幼い頃から、近隣の町で読み書きを学び、一八二六年、ラングルにある幼きイエス会の学校に寄宿生として入り、修道生活への憧憬を抱くようになった。同会は教育を目的として、ミニム会神父ニコラ・バレ（Barré, Nicolas 1621-1686）によりフランスで一六六二年に設立され、フランス革命の混乱期を経て、一九世紀に再建を果たしていた。パリ本院の所在地旧名からサン・モール会とも言う。フランスをはじめ、マレーシア、シンガポール、スペイン、イギリス、アイルランド、アメリカ合衆国、ペルー、ナイジェリアなど世界各地で活動を展開している。

ラクロは、一八三二年八月一五日ラングルで同会志願者、翌年パリ本院で修練生となった。一八三五年二月着衣を許され、修道名マティルドを受ける。三月一九日の立誓後は、バニョル、ベジェ、セットの修道院で教育に携わった。[1]

一八五一年、アジア宣教に従事していたＭＥＰ（パリ外国宣教会）は、幼きイエス会にマラッカへの修道女派遣を要請、総長ド・フォドアス（De Fodoas,）は、直ちに応えて数名を送ったが、旅の途上で、あるいは到着直後に病没した。

翌年九月一五日、セットから急遽戻ったマティルドが第二陣の責任者に任命された。二日後、三人の修道女を伴い、ルアーブルを出発した。まずイギリスへ渡り、サザンプトンから地中海を経てスエズ地峡を通り、一〇月二八日、目的地のペナンに到着した。同地で英語とマレー語を習得し、修道院長として子供たちの教育と養護施設の運営にあたった。

一八五四年、第二の宣教地シンガポールに、一八五九年、第三の宣教地マラッカに入った。マレー半島での活動は、シンガポールを中心に二〇年間に及んだ。その間、一八六二年、日本代牧区の責任者であったMEPのジラールは一時帰仏の途上、シンガポールに立ち寄り、いつの日か日本で活動する日が来ることを願ったという。

▼日本における活動の始まり

一八七二年五月一九日、マティルドはシンガポールで、日本のプティジャン司教から来日要請の手紙を受け取った。その前日に開通したばかりのヨーロッパとの電信を使って、パリ本院に許可を願った。パリのド・フォドアスが二〇日正午ごろ書いた承諾の返事を、マティルドは二一日午前八時に受け取った。

マティルドは、ノルベール（Norbert, 1834-1875 フランス出身）、グレゴワール（Grégoire, 1834-1885 アイルランド出身）、フェルディナンド（Ferdinand 1847-1872 フランス出身）、ジェラーズ（Gélase, 1843-1903 フランス出身）の四人の修道女とともに、六月一〇日シンガポールを発った。香港までの船旅は穏やかで、手仕事や日本殉教録の読書、祈りなどに費やされた。香港で船を乗り換え、台風に遭遇したが、一八七二（明治五）年六月二八日午前五時、宣教師たちに迎えられ、横浜に上陸した。五八歳であった。

来日の感動をマティルドは次のように綴った。

「とうとう、私は日本を見たのです。幼いころから何度も夢に描いていた日本を、この目で見ているのです。これはもう、喜ばせてはたちまち消え失せた、今までのような夢ではありません。いいえ、私は確かに海を越え、三世紀前にザビエルが十字架を打ち立てた島にいるのです。私の目の前の［筆者注　横浜天主堂］の主祭壇の上方にザビエルの額がかかっていました。ザビエルはひざまずき、目を天に上げ、日本のために神の恵みと信仰の光を乞い求めているように思われました」

プティジャン司教が彼女たちに教えた最初の日本語は、「アメフリマス、カゼフキマス」である。以後、来日する修道女たちはまずこのフレーズを覚えたそうだ。マティルド自身も日本語の学習に多くの時間を費やした。魚が欲しいと日本人の料理人にジェスチャーで示すと皿の上に金魚が乗せられていたという来日当初のエピソードも残されている。

当初は山手居留地五八番の仮住まいで、日本最初の修道院と孤児院の仁慈堂《じんじどう》（一八八〇年和仏学校、一九〇二年菫女学校と改称）を、外国人子女教育のための学校ダーム・ド・サンモールを始めたが、一八七四（明治七）年には山手居留地八三番の敷地に新設した建物に移転した。後に長崎で活躍するMEPのマルク・M・ド・ロッツ（Rotz, Marc M. de）も建築工事に従事した。修道女たちは、居留地の病院の世話も引き受け、貧しい病人を自分たちの住まいに受け入れた。仁慈堂は、カテキズム(2)は勿論、手芸なども教えて商家などに就職の道を開いたが、一九二三（大正一二）年の関東大震災で壊滅して、その歴史を終えた。

マティルドは、一八七三（明治六）年の禁令撤廃後、資金と修道女の増員を求めるためにヨーロッパに渡り、教皇ピオ九世に謁見《えっけん》、修道女一二人を連れてシンガポールに、その中の三人とともに一一月日本に戻った。

東京築地居留地四六番に活動拠点を設置したのは一八七五（明治八）年であり、マティルドは四人の修道女を派遣した。当初はその家に台所がなく、毎日横浜から料理を運んでいたそうだ。教育と孤児救済事業の二本立てであることは横浜と同じである。一八七六（明治九）年まではシンガポールの修道院長職にもあったが、日本に常住することになり、横浜と東京の修道院長となった。一八七二年から八五年まで、マレーシアと日本の往復は一二回を超えた。

マティルドは横浜に住み、時々東京に行くようになった。東京の活動は、一八八七（明治二〇）年に始まる高等仏和女学校を通して、語学教育に重点を置くようになっていく。日本の知識人や華族が修道会を援助する雙葉会も設立された。

一九〇〇（明治三三）年、横浜の山手八八番に認可を受けた日本初のカトリックの女子校、紅蘭女学校（一九五一年横浜雙葉学園に改称）を開校した。生徒は三人であった。開校時には宗教教育を行わず、希望者のみに教えを説いた。フランス語はマティルドが教壇に立った。紅蘭の由来は、校地一帯に自生していたシランからマティルドが名づけた。一九〇三（明治三六）年、パリ外国宣教会の要請を受けて、マティルドは静岡に進出、静岡仏英女学校（一九〇八年和仏英女学校、一九一二年不二高等女学校、一九五一年静岡雙葉学園と改称）を設立した。

一八八五（明治一八）年、マティルドの金祝式[3]が横浜の修道院で執り行われた。一八九五（明治二八）年、ダイヤモンド式をオズーフ東京大司教が司った。一九〇二（明治三五）年、宣教五〇周年を祝ったが、その時の参加者は八〇〇名という。

一九一一（明治四四）年一月二〇日、横浜の修道院において九七歳で帰天。葬儀は山手四四番の横浜天主堂で行われた。人種、国家、宗教を問わず多くの参列者があった。マティルドの希望によって、花や飾りのない質素な棺であった。

一八七二年五月二十日付、シンガポール時代のマティルドからパリ本院ド・フォドアス総長宛、日本への渡航を願う書簡に次の一文がある。前日の打電後に書かれたものである。

「あなたはきっと『よろしい』とおっしゃってくださいますね。そして、あなたの娘たちを祝福してくださいますでしょう。『来てください』と手を差し伸べているたくさんの子どもたちの心に、私たちの神のみ名と愛をもたらすため、新しい海を渡っていこうとするあなたの娘たちを」

カトリックの修道女として初めて来日し、明治期日本の宣教、教育、社会事業に三九年を捧げたマティルドの起点となる一文である。

（中島昭子）

【注】

（1）立誓　修道女として生きるという誓願。

（2）カテキズム　カトリック教理。

（3）金祝式　初誓願から五〇年目の祝の式。

【参考文献】
小河織衣『メール・マティルド―日本宣教とその生涯』有隣堂　一九九〇年
ド・ルスタン（島田恒子訳）『ひとつぶの麦のように』横浜雙葉学園　二〇〇〇年
ド・ルスタン（島田恒子訳）『ひとつぶの麦のように　前編』美港社　二〇一一年
島田恒子「開港まもない横浜で働き始めた修道女たち」『交わりとしての教会をめざして
横浜天主堂献堂・日本再宣教一五〇周年記念誌』所収　カトリック横浜司教区　二〇一三年

アンヌ・マリ・エリザ・ルジューン
Le Jeune, Anne Marie Eliza　1903 - 1988

（フランシスコ）

◇病者の友となった修道女

ルジューンすなわち修道名マリ・ロベルト・デュ・サクレ・クール（Marie Roberte du Sacré Cœur　以下マリ・ロベルト）は、マリアの宣教者フランシスコ修道会の修道女として、一九三五（昭和一〇）年初めて横浜に入り、看護師として医療活動に従事した。

マリ・ロベルトは、一九〇三年二月二五日、フランス東部のランス司教区で生まれた。

一九二五年一二月八日、二二歳で修道会に入会、一九三一年六月一三日に終生誓願を立てた。

マリアの宣教者フランシスコ修道会は、一八七七年マリ・ド・ラ・パッション（Passion, Marie de la 1839-1904）によってインドで設立された、フランシスコ会律修第三会である。聖母マリアとアッシジのフランシスコの精神と生き方を模範とし、世界宣教のために、活動を続けている。会憲に「宣教者として、救いの福音を告げるために、どこにでもまた誰のところにでも行く覚悟ですが、私たちはキリストがまだ示されていない人々のもとへ、教会があまりないところへ、なかでも最も貧しい人々のところへ優先的に派遣されます」とある通りだ。

マリアの宣教者フランシスコ修道会の日本における活動は、一八九八（明治三一）年、クザン司教の要請により、熊本のハンセン病院を担っていたＭＥＰ（パリ外国宣教会）のコール（Corre, Jean M.）のところに五人の修道女が派遣されたことに始まる。次いで、一九〇八（明治四一）年函館司教区のアレクサンドル・ベルリオーズ司教（Berlioz, Alexandre）の招きで七人が札幌に入り、病院や診療所、孤児や老人の施設、看護婦養成所などでの奉仕にあたった。また、東京にも一九二九（昭和四）年修道院を開設し、ジャン・Ａ・シャンボン東京大司教（Chambon, Jean A.）の要請により、一九三一（昭和六）年、国際聖母病院を設立して、その運営に携わったのである。一九三二年には、修道生活を志す女性のための修練院も置かれた。神戸や奄美大島にも活動の範囲を広げた。

▼横浜における活動

横浜での活動が始まったのは、一九三五（昭和一〇）年、山手八二番所在の横浜一般病院（Yokohama General Hospital　以下一般病院）においてである。一般病院のルーツは、幕末のオランダ海軍病院であるが、その後、居留民が運営を替わり、一八六七（慶応三）年には、一般病院の名称で、日本人も外国人も診る施設に改組されていたようだ。

一九三四（昭和九）年、一般病院のイギリス総領事を委員長とする国際病院管理委員会は、同会に看護修道女の派遣を要請した。当時横浜はシャンボン大司教の管轄下にあり、その了承を得て、実現に向けての話し合いが進んだ。病院側の条件は、看護と会計を担当できる、英語を話す外国人修道女二人と調理などを担う日本人修道女一人であった。

修道会側は、修道女が堕胎と不妊手術に「直接的にも、間接的にも協力しないこと」という譲歩できない一項を契約書に明記し、「医師と患者に私たちの考えを説明するよう求めること」を条件に最初の契約を結んだ。一九三五年一二月二八日のことである。

こうして派遣されたのは、修院長兼総婦長のマリ・ロベルト、すでに東京で活動していた副院長マリ・コンソラトリス（Marie Consolatrix, 1901-1955 ルクセンブルク出身）、看護婦マリ・ドナティル（Marie Ste.Donatille, 1895-1982 フランス出身）とマリ・レイナルド（Marie du Bx. Raynald, 1904-1995 ベルギー出身）に加え、病院内の事務などに携わるマリ・マクニス（Marie Macnise, 1899-1964 旧ユーゴスラビア出身）とマルガリタ（日本出身）の六人で、病院の職員寮を仮の修道院、聖ヨゼフにささげられた横浜修道院として、病院での活動が始まった。

マリ・ロベルトの最初の日の日記に次のように書かれている。

「汽車で三〇分、バスに乗り換えて一五分、丘を上り、新しい住まいに着く。天気は良くない。雪がちらつき、太陽なし。でも私たちのポケットには太陽が一杯つまっている。日本に主のお住まいがまた一つ増えたということは、イエスの栄光を少し大きくすることができたということではないだろうか。日本でイエスはほとんど知られていない。」

一方、一九三六（昭和一一）年、同会は戸塚（当時は神奈川県鎌倉郡大正村）に土地を購入、新たな修練院を建設し、翌一九三七（昭和一二）年、横浜司教区が東京大司教区から独立したこの年、修練院は東京から移転した。

太平洋戦争が始まると、外国人修道女に外部接触禁止、連行・抑留、強制送還などの措置が取られた。横浜では、一般病院も戸塚の修練院も海軍に接収され、マリ・ロベルトは軽井沢に疎開する一般病院で仕事を続けるために奔走、マリ・コンソラトリスが横浜の残務を引き受けた。東京と横浜の同会外国人修道女は北広島（北海道）と軽井沢に分散して自主疎開をした。

軽井沢に移ったマリ・ロベルトやマリ・レイナルドは、村の診療所の活動も担い、「診療所には、村から一二キロも離れた所で掘立て小屋の貧しい疎開生活を強いられている貧民から外交官にいたるまで、様々な病人が治療にやって来ました」という。マリ・ロベルトは、病人と聞くと、知り合いから貰い受けた自転車で駆け付けたという。

終戦後、八月二八日、マリ・ロベルトたちは軽井沢から横浜に戻った。一般病院は、建物がかろうじて残ったものの、内部の金属製品がすべて取り除かれていた。修道女たちは、連合軍の支援を受けて、病院再開への準備に取り掛かった。その間、家を失った人々を受け入れるとともに、街中で瀕死の人々の世話に当たったのである。戸塚の修練院の土地・建物も修道会に返還され、そこには引揚者や身寄りのない老人を収容した。

同じころ、一般病院の玄関に捨てられる小さな子どもたちのためにベビー・ホームを設け、一九四六（昭和二一）年に聖母愛児園として認可された。一九五一（昭和二六）年、契約当初から課題であった「教会法や自然法に反する医療や看護の問題」が解消されず、横浜一般病院との契約を打ち切り、修道女たちは愛児園に移ることになった。

他方、戦後の同会は、アジア、アフリカ、アメリカ、ヨーロッパなどに宣教派遣を行うとともに、国内では学校を開き、病院を設立して、福音宣教に貢献した。

マリ・ロベルトの戦後の活動については、カトリックの多くの修道女と同じように、詳細は不明である。判っているのは、一九七三（昭和四八）年、三八年におよぶ日本での活動を終えて、母国フランスに帰り、一九八八（昭和六三）年六月二〇日帰天したことのみ。八五歳であった。マリ・ロベルトを直接知る同会の修道女は、「美しい日本語を話す方」、「威厳があるが、心の温かな人」、「祈る看護師」であったと語る。

（中島昭子）

【参考文献】

M.NAKADA, The City of Yokohama past and present, The Japan Gazette, 1908
横浜開港資料館編『横浜もののはじめ考』第3版　横浜開港資料館　二〇一〇年
『呼びかけに応えて／来日100年　1898-1998』マリアの宣教者フランシスコ修道会　一九九八年
『日本におけるマリアの宣教者フランシスコ修道会の歴史　1898-1972』同日本管区　二〇一一年

あとがき

横浜で活躍した女性宣教師たちの足跡をたどり、一冊の本にまとめ、記録として残しておきたい。本書はそのような願いを実現したものである。執筆者は横浜プロテスタント史研究会とYWCAの会員である。

この本をキリスト教関係者ばかりでなく、それ以外の方々にも関心を持って読んでいただけることを願い、内容を学校別、教派別とせず、人物の活動別に項目を設け、その時代背景も読み取れるようにした。宗教色を少なくし、平易な文章で記述することも心掛けた。

しかしながら教派ごとの資料が基本となるため、次のように分担した。アメリカ改革派関係（フェリス女学院）鈴木美南子、超教派関係（横浜共立学園）安部純子、メソジスト監督関係齋藤元子、メソジスト・プロテスタント関係（横浜英和学院）森山みね子、バプテスト関係（捜真学院）小玉敏子、長老派関係中島耕二、カトリック関係（横浜雙葉学園）中島昭子、いずれの教派にも所属しない人物については中積治子、海野涼子。聖公会関係は立教学院史資料センター学術調査員大江満氏、立教女学院伊藤素子氏、横浜聖アンデレ教会瀬川義夫氏、逗子聖ペテロ教会竹内和子氏より資料を提供していただき、主として安部純子が執筆した。また長年にわたり働く女性のために活動を続けている横浜ＹＷＣＡの方々にその歴史と代々のリーダーについて書いていただいた。会代表岡部一興は各章に概説を執筆するなど全体の構成を整えた。

女性史研究家江刺昭子氏には、この本の企画段階から種々ご教示いただいた。出版にあたり、有隣堂出版部には丁寧な編集をしていただいた。この本のためにご協力くださった方々に感謝の言葉を申し述べたい。

本書に収録した女性宣教師二五六名、そのうち四八名については記事にまとめたが、残る人物は最終頁のリストに氏名と主な情報を記入した。

本書により、これまで歴史書に登場することの少なかった女性宣教師の存在が周知され、その働きが評価されることを願ってやまない。

二〇一八年一月

編集委員　安部　純子
小玉　敏子
森山みね子

【執筆者紹介】（50音順　敬称略）

安部純子（あべ　すみこ）
横浜市立大学文理学部卒業。英語個人教授、短大非常勤講師などを務める。キリスト教史学会会員。著書に『ヨコハマの女性宣教師―メアリー・P・プラインと「グランドママの手紙」』（訳著、EXP)、『横浜開港と宣教師たち』（共著、有隣堂)、『日本基督教団紅葉坂教会百年史』（共著）など。

海野涼子（うみの　りょうこ）
横須賀市若松町43番地の旧伝道義会の家に生まれる。祖父は星田光代（旧姓エステラ・フィンチ）と共に日本陸海軍人伝道義会を設立した黒田惟信。2001年より「マザーオブヨコスカ顕彰会」代表世話人を務め現在に至る。久里浜教会会員。著書に『輝ける星の如くに』（編著、マザーオブヨコスカ顕彰会）など。

岡部一興（おかべ　かずおき）
明治学院大学大学院経済学研究科修士課程修了。現在、明治学院大学キリスト教研究所協力研究員。キリスト教史学会理事。著書に『横浜指路教会百二十五年史・通史篇』、『現代社会と教育』（学文社)、『山本秀煌とその時代』（教文館)、『生命倫理学と現代』（港の人)、『宣教師ルーミスと明治日本』（編著、有隣堂)、『ヘボン在日書簡全集』（編著、教文館）など。

小玉敏子（こだま　さとこ）
津田塾大学英文学科卒業、米国クレアモント大学院修士課程修了。関東学院女子短期大学名誉教授（元学長)。捜真学院前理事長。著書に『明治の横浜―英語・キリスト教文学―』（共著、笠間書院)、『横浜開港と宣教師たち』（共著、有隣堂)、「女子教育の源―横浜のミッション・スクール」（『横浜の教育と文化』大倉精神文化研究所）など。

齋藤元子（さいとう　もとこ）
青山学院大学文学部史学科・お茶の水女子大学文教育学部地理学科卒業、お茶の水女子大学大学院人間文化研究科比較文化学専攻博士課程修了。博士（人文科学)。現在、お茶の水女子大学・東京女子大学ほか講師。専攻は人文地理学。著書に『女性宣教師の日本探訪記　―明治期における米国メソジスト教会の海外伝道―』（新教出版社）など。

鈴木美南子（すずき　みなこ）
国際基督教大学教養学部社会科学科卒業。同大学大学院教育学研究科後期課程単位取得。社会思想史、近代日本思想史、教育史専攻。フェリス女学院大学名誉教授。著書に『フェリス女学院110年小史』（フェリス女学院）、『日本近代教育史再考』（共著、昭和堂）、『子どもの＜暮らし＞の社会史』（共著、川島書店）など。

中島昭子（なかじま　あきこ）
捜真女学校高等学部、早稲田大学法学部卒業。早稲田大学法学研究科博士前期課程修了。パリ第2大学博士課程修了。博士（法学）。現在、捜真学院学院長。著書に『テストヴィド神父書簡集 明治の東海道を歩いた宣教師』（ドン・ボスコ社）、『幕末日仏交流記―フォルカード神父の琉球日記』（共訳、中央公論社）など。

中島耕二（なかじま　こうじ）
東北大学大学院文学研究科博士後期課程修了。博士（文学）。現在、明治学院大学客員教授。キリスト教史学会理事。著書に『近代日本の外交と宣教師』（吉川弘文館）、『長老・改革教会来日宣教師事典』（共著、新教出版社）、『横浜開港と宣教師たち』（共著、有隣堂）、『明治学院百五十年史』（責任編集、明治学院）など。

中積治子（なかづみ　はるこ）
神戸女学院大学文学部社会学科卒業。史の会会員。著書に『史の会研究誌』1号～5号（共著、史の会）、『時代を拓いた女たち―かながわの131人』、『時代を拓いた女たち　第Ⅱ集―かながわの111人』（共著、神奈川新聞社）、『武相の女性・民権とキリスト教』（共著、町田市教育委員会）など。

森山みね子（もりやま　みねこ）
山梨大学工学部応用化学科卒業。（株）日本揮発油研究室勤務。横浜英和学院（元成美学園）理科教諭、前学院長。著書に『湯本アサ先生の思い出』、『横浜英和学院記念資料集』〈創立125周年〉、『横浜英和学院百三十年史』（編著、横浜英和学院）、『横浜開港と宣教師たち』（共著、有隣堂）など。

YWCA
横浜YWCA100年史編集委員会委員
井上玲子（横浜YWCA会員）、岩倉幸枝（同会員）、唐﨑旬代（元横浜YWCA総幹事）、金剛静慧（横浜YWCA会員）、鈴木美鈴（同会員）、八木高子（同会員）、山田小枝子（同会員）

【来日女性宣教師リスト】

（カトリック教会と日本聖公会を除いて、プロテスタント教会は各派の中で最も早く来日した女性宣教師を基準に古い順とした。）

アメリカ長老教会

Presbyterian Church in the United States of America （PS）

姓　名		在日期間 （生没年）	備　考
Alexander, Caroline Tuck	アレキザンダー	1880-1892 （1854- ？ ）	住吉学校、聖書学館、頌栄女学校、宣教師妻
Ballagh, Annie P.	バラ	1884-1907 （1850- ？ ）	英和予備校、桜井女学校、住吉学校
Benton, Lydia Eveline	ベントン （150 頁）	1877-1883 （1829-1884）	お茶場学校、宣教師妻
Carrothers, Julia Dodge	カロザース	1869-1876 （1845-1914）	築地A六番女学校
Case, Orietta W.	ケイス	1887-1903 （生没年不詳）	住吉学校
Cornes, Eliza Dare	コーンズ	1868-1870 （ ？ -1870）	宣教師妻
Hepburn, Clarissa Maria Leete	ヘボン （25 頁）	1859-1892 （1818-1906）	宣教師妻、ヘボン塾、住吉学校
Imbrie, Elizabeth Doremus Jewell	インブリー	1875-1922 （1845-1931）	宣教師妻、築地大学校
Knox, Anna Caroline Holmes	ノックス	1877-1893 （1851-1942）	宣教師妻
Leete, Louisa （Lena） Arlena	リート	1878-1886 （1855-1893）	バラ学校、新栄女学校、頌栄英学校、宣教師妻
Loomis, Jane Hering Greene	ルーミス （52 頁）	1872-1879 （1845-1920）	宣教師妻
Marsh, Sarah （Belle）	マーシュ	1876-1879 （1847-1896）	バラ学校、住吉学校、宣教師妻
Nevius, Helen Sanford Coan	ネビアス	1860-1861 （1833-1910）	宣教師妻

姓　名		在日期間 (生没年)	備　考
West, Annabel Blythe	ウエスト	1883-1921 (1860-1941)	住吉学校、聖書学館、頌栄女学校
Winn, Eliza C. Willard	ウイン	1877-1912 (1853-1912)	宣教師妻

アメリカ改革教会
Reformed Church in America　(RCA)

姓　名		在日期間 (生没年)	備　考
Ballagh, Anna Hepburn	A. H. バラ	1884- ? (1864–1946)	フェリス教師、宣教師妻
Ballagh, Carrie Elizabeth	C. E. バラ	1881- ? (1862–1935)	牧師妻
Ballagh, Margaret T. (Kinnear)	M. T. バラ (46 頁)	1861-1909 (1840-1909)	J. H. バラの妻として活動
Bogard, Frances Belle	ボガード	1936-1974 (1908- ?)	フェリス、東京女子大教師等
Booth, Emilie (Stella)	E. ブース	1881-1917 (1855-1917)	フェリス教師・副校長
Booth, Florence E.(Dick)	F. E. ブース	1912-1922 (生没年不詳)	フェリス教師等
Brokaw, Mary E.	ブロコウ	1884- ? (1861- ?)	フェリス等教師、伝道
Brown, Elizabeth Goodwin (Bartlett)	E. G. ブラウン	1859-1879 (1813-1890)	S. R. ブラウン妻として活動
Brown, Hattie W.	H. W. ブラウン	1873-1879 (1853- ?)	ブラウン塾、フェリス等教師
Buss, Florence V.	ブス	1922-1930 (生没年不詳)	フェリス音楽教師

姓　名		在日期間 (生没年)	備　考
Darrow, Flora	ダロウ	1922-1942 (1887-　?　)	明治学院、フェリス等教師
Deyo, Mary	デヨ	1888-1905 (1858-　?　)	フェリス教師、伝道活動
Eringa, Dora	エリンガ	1922-1935 (1896-1936)	フェリス教師、伝道
Kuyper, Jennie Marie	J. M. カイパー (205 頁)	1905-1923 (1872-1923)	フェリス教師・校長
Kuyper, May Baldwin (Demarest)	M. B. カイパー	1912-1946 (1884-1957)	フェリス教師、理事
Miller, Mary Eddy (Kidder)	ミラー (63 頁)	1869-1910 (1834-1910)	フェリス創立・校長
Moulton, Julia A.	モールトン (120 頁)	1876-1922 (1852-1922)	フェリス音楽教師、伝道活動
Muyskens, Louise S.	マイスケンス	1926-1931 (生没年不詳)	フェリス音楽教師
Noordhoff, Jeane (Jantje)	ノードフ	1911-1952 (1883-1970)	梅光女学院、フェリス等教師
Oltmans, Cornelia Janet	オルトマンス	1914-1956 (1890-1977)	フェリス教師、理事・評議員
Pieters, Jennie A.	ピーターズ	1904-1939 (1872-1945)	梅光女学院教師、フェリス理事
Shafer, Amy Kate (Hendricks)	シェーファー	1912-1935 (1887-1970)	校長の夫と共にフェリス在職
Stegeman, Gertrude Jeanette (Hoekje)	ステゲマン	1917-1941 (1890-1977)	夫が校長の期間、フェリス理事
Stout, Elizabeth G. (Provost)	スタウト	1869-1902 (1840-1902)	夫と共に宣教・教育に従事
Thompson, Anna DeForrest	タムソン	1887-1913 (1862-　?　)	フェリスで 26 年間教師
Verbeck, Maria (Manion)	フルベッキ	1859-1898 (生没年不詳)	フルベッキの妻、夫と宣教活動

姓　名		在日期間（生没年）	備　考
Walvoord, Florence Cynthia	ウォルボード	1922-1960 (1896-1967)	梅光女学院、フェリスで教師
Winn, Harriet Louise	H. L. ウイン	1875-1887 (1853-1938)	ブラウン塾、フェリス等教師
Winn, Mary Leila	M. L. ウイン	1882-1920 (? -1945)	フェリス教師、地方伝道
Witbeck, Emma C.	ウイトベック (97 頁)	1874-1882 (1849-1945)	フェリス教師・校長代理
Wyckoff, Harriet Jane	ワイコフ	1898-1905 (生没年不詳)	フェリス教師、宣教師妻
Zander, Helen Ruth	ザンダー	1928-1977 (1906-1983)	フェリス教師、横浜文化賞

・主として戦前に、横浜・フェリスで長期活動した人々

自給宣教師
Self-supporting Missionaries

姓　名		在日期間（生没年）	備　考
Adriance, Caroline	エイドリアンス (36 頁)	1859-1862 (1824-1864)	最初の来日独身女性宣教師
Draper, Charlotte Pinckney	ドレーパー (158 頁)	1889-1899 (1832-1899)	盲人福音会設立
Finch, Estella Ida	フィンチ (星田光代) (176 頁)	1893-1924 (1869-1924)	日本陸海軍人伝道義会設立
Lowder, Julia Maria	ラウダー (182 頁)	1859-1919 (1840-1919)	日本陸海軍人伝道義会支援
Sharland, Ellen	シャーランド (117 頁)	1888-1895 (1826-1895)	共立女学校音楽教師

・何れのミッションボードからも支援を受けず、自費で宣教活動を行った宣教師

アメリカン・バプテスト教会
American Baptist Church

姓　名		在日期間 (生没年)	備　考
Acock, Winifred M.	エーカック (108 頁)	1922-1949 (1883-1974)	捜真女学校（仙台・尚絅）
Anderson, Ruby L.	アンダーソン	1917-1929 (1890-1974)	捜真女学校（仙台・尚絅）
Arthur, Clara M. (Mrs. James Hope Arthur)	アーサー	1873-1878 (1844-1884)	横浜（東京・駿台英和）
Bennett, Mela Barrows (Mrs. Albert Arnold Bennett)	ベンネット	1879-1910 (1858-1936)	捜真女学校
Bixby, Alice C.	ビックスビー	1914-1953 (1885-1973)	捜真女学校（姫路・日ノ本、仙台・尚絅）
Briggs, Harriet M. (Harriet M. Witherbee, Mrs. Francis Briggs)	H. ブリッグス	1906-1921 (1861-1950)	捜真女学校
Brown, Charlotte W. (Mrs. Nathan Brown, Mrs. Wm. Ashmore)	C. ブラウン (91 頁)	1873-1890 (1839-1923)	捜真女学校創立者
Carpenter, Harriet E. Rice	カーペンター	1886-1906 (? -1909)	根室、横浜、姫路、沖縄
Church, Ella R.	チャーチ	1889-1901 (1861-1918)	姫路、横浜、東京
Converse, Clara A.	カンヴァース (217 頁)	1890-1935 (1857-1935)	捜真女学校第 2 代校長
Covell, Charma M. (Mrs. James Howard Covell)	コベル	1920-1939 (1895-1943)	捜真女学校
Crain, Margaret Lee	クレイン	1940-1941 (1910- ?)	捜真女学校
Cummings, Emma Louisa	カミングス	1889-1900 (1860- ?)	根室、長府、横浜

姓　名		在日期間 （生没年）	備　考
Dearing, Mary L. Hinckley（Mrs. John Dearing）	デーリング	1889-1916 （1868-1963）	関東学院
Dobbins, Ida T. Sinquett（Mrs. Frank S. Dobbins）	ドビンズ	1876-1877 （1856-　？　）	横浜、東京
Dodge, Katherine A.	ドッジ	1903-1909 （1867-1911）	捜真女学校（姫路・日ノ本）
Eaton, Lucy M.	イートン	1888-1889 （1863-　？　）	横浜
Fisher, Emma Haigh（Mrs. Charles H. D. Fisher）	E. H. フィッシャー	1883-1920 （1857-1952）	東京、横浜
Fisher、Josephine B.（Mrs. Royal Haigh Fisher）	J. B. フィッシャー	1914-1941 （1885-1975）	捜真女学校
French, Katherine（Mrs. J. B. Andrews）	K. フレンチ	1914-　？ （　？　-1956）	捜真女学校
French, Ruth D.	R. D. フレンチ	1910-1917 （1884-1978）	捜真女学校校長代理
Goble, Eliza Weeks（Mrs. Jonathan Goble）	ゴーブル （41 頁）	1860-1882 （1836-1882）	
Gressitt, Edna（Mrs. J. Fullerton Gressitt）	グレセット	1908-1926 （1879-1943）	捜真女学校
Harrington, Jennie（Mrs. Charles K. Harrington）	ハリントン	1886-1916 （1862-1940）	横浜
Haven, F. Marguerite（Mrs. Sydney H. Somerton）	ヘイブン	1916-1930 （1885-1965）	捜真女学校（仙台・尚絅）
Hawley, Mary A.（Mrs. Francis Briggs）	ホーレー	1895-1902 （1870-1904）	捜真女学校校長代理
Holtom, M. Grace Price（Mrs. Daniel C. Holtom）	ホルトム	1910-1940 （　？　-1965）	東京、水戸、横浜

姓　名		在日期間（生没年）	備　考
Lippitt, Adelaide B.	リピット	1910-1912 (1873-1953)	捜真女学校
Meline, Agnes Sophia	マリーン	1919-1932 (1886-1969)	捜真女学校
Munroe, Helen	マンロー	1916-1919 (1875-1954)	捜真女学校
Nicholson, Goldie M. (Mrs. Edward Yasunaga)	ニコルソン	1932-1940 (1904-1995)	捜真女学校（仙台・尚絅）
Parshley, Helen A. (Mrs. Wilbur B. Parshley)	パーシュレー	1890-1912 (1863-1959)	捜真女学校校長代理
Pawley, Annabelle	ポーレー	1915-1938 (1890-1945)	捜真女学校第３代校長
Poate, Sarah I (Mrs. Thomas Poate)	ポート	1879-1892 (? -1896)	横浜、盛岡、東京
Rolman, Eva L.	ロールマン	1888-1910 (1857-1913)	捜真女学校、小田原
Sandberg, Minnie V. (Mrs. Charles Sears)	サンドバーグ	1918-1923 (1894-1968)	捜真女学校校長代理
Sands, Clara A. (Mrs. J. C. Brand)	サンズ (94 頁)	1875-1889 (1844-1911)	捜真女学校前身の塾創設
Skevington, Florence	スケビントン	1927-1928 (1901-1977)	捜真女学校（仙台・尚絅）
Tenny, Elizabeth (Mrs. Charles B. Tenny)	E. テンネー	1914-1930 (1881-1936)	東京、横浜
Tenny, Grace (Mrs. Charles B. Tenny)	G. テンネー	1905-1910 (1883-1910)	神戸、京都、横浜（関東学院）、東京
Tharp, Elma R.	サープ	1918-1941 (1886-1976)	関東学院、東京事務所
Topping, Evelyn (Evelyn Bickel, Mrs. Willard Topping)	タッピング (127 頁)	1925-1954 (1899-1983)	関東学院、捜真女学校
Ward, Ruth Clarisa	ウォード	1919- ? (1890-1980)	捜真女学校（仙台・尚絅）、東京

姓　名		在日期間 （生没年）	備　考
Wilcox, Edith F.	ウィルコックス	1904-1930 (1872-1947)	捜真女学校（姫路・日ノ本）、神戸
Wilkinson, Edith	E. ウィルキンソン	1900-1901 (生没年不詳)	捜真女学校
Wilkinson. Jessie M. G.	J. ウィルキンソン	1919-1931 (1885-1954)	捜真女学校（仙台・尚絅）

（参考資料）

・『日本バプテスト同盟に至る　日本バプテスト史年表（資料編）』日本バプテスト同盟、2014 年

米国婦人一致外国伝道協会

The Woman's Union Missionary Society of America for Heathen Lands （WUMS）

姓　名		在日期間 （生没年）	備　考
Akana, Catherine Tracy	アカナ	1922 4-10 月 (生没年不詳)	非常勤で英語を教える
Albro, J.(G.) D.	アルブロ	1890-1891 (生没年不詳)	Industrial Home for Eurasian Girls 開設
Alward, Clara	アルワード	1907-1918 (1871-1918)	共立女子神学校で教える
Ballantyne, Mary Katherine	バレンタイン（112 頁）	1936-1941* (1906-2002)	共立女子聖書学院院長 *1947-76
Berninger, Martha	バーニンジャー	1901-1906 (生没年不詳)	共立女学校校長代理を務める
Bruckhart, Harriet I.	ブルックハート	1891-1894 (生没年不詳)	第2代共立女学校校長
Chapman, Claire	チャップマン	1922-1923 (生没年不詳)	音楽を教える

姓　名		在日期間 （生没年）	備　考
Crosby, Julia Neilson	クロスビー （81 頁）	1871-1915 （1833-1918）	創立者、第2代総理 横浜で死去（注 1）
Crosby, Catherine	C. クロスビー	（　?　-1909）	
Cummings, E.	カミングス	1916-1919 （生没年不詳）	聖書、歴史、音楽を教える
Dorsey, Caroline	ドルセイ	1898-1900 （生没年不詳）	共立女学校校長代理
Fletcher, Nannie	フェレッチャー	1877-1884 （生没年不詳）	音楽教育に優れていた
Guthrie, Lizzie Elizabeth M.	ガスリー （88 頁）	1872-1878 （1838-1880）	インド宣教地より横浜へ移る
Hand, Julia N.	ハンド	1900-1907 （　?　-1940）	神学校、Missionary Link 編集長
Hill, A.L.	ヒル	1909-　? （生没年不詳）	
Irvine, Reba L.	アーヴィン	1893-1899 （生没年不詳）	第3代共立女学校校長
Kaji（Whitney）, Clara	梶 （101 頁）	1900 * （1860-1936）	共立女学校校長代理　*1 ～ 5 月
Kelsey, Adaline D.H.	ケルシー （165 頁）	1885-1890* （1844-1931）	医師、医療伝道に従事　*1897-1902
Loomis, Clara Denison	ルーミス （211 頁）	1901-1936 （1877-1968）	共立女学校第 4 代校長
Lynn, Hazel M.	リン	1921-1941 （生没年不詳）	共立女子神学校で教える
Maltby, Anne Van Nesa	モルトビー （125 頁）	1875-1877 （生没年不詳）	監督教会へ移る
McCloy, Grace	マクロイ	1915-1917 （生没年不詳）	英語、音楽を教える
McNeal, Sophia B.	マクニール （133 頁）	1876-1879 （生没年不詳）	「よろこばしきおとづれ」創刊

姓　名		在日期間 (生没年)	備　考
Merriman, Faith	メリマン	1917-1919 (生没年不詳)	
Montgomery, Jennie	モントゴメリ	1895-1897 (生没年不詳)	
Nelson, Mary	ネルソン	1877-1879 (? -1882)	J.H.Quinbyと結婚し、退職
Pierson, Louise Henrietta	ピアソン (77頁)	1871-1899 (1832-1899)	創立者、偕成伝道女学校初代校長
Pratt, Susan Augusta	プラット	1892-1937 (? -1956)	第2代共立女子神学校校長
Pruyn, Mary Putnam	プライン (71頁)	1871-1875 (1820-1885)	創立者・初代総理
Rogers, Margaret Scott	ロジャース	1921-1935 (生没年不詳)	
Staples, Agnes	ステープルス	1919-1920 (生没年不詳)	
Strain, Helen Knox	ストレイン	1900-1907 (生没年不詳)	M. P. Pruynの孫、校長代理を務める
Tappan, Lucy	タッパン	1915-1916 (生没年不詳)	
Tarver, Julia M.	ターバー	1914-1915 (生没年不詳)	英語、音楽を教える
Tracy, Mary Evarts	トレイシー	1903-1939 (1870-1960)	第3代総理、C. D. Loomis従妹
True, Maria T.	トゥルー	1874-1976 (1840-1896)	原女学校に招かれ長老教会へ
Vielé, Annie	A. ヴィーレ (147頁)	1877-1882* (生没年不詳)	混血児養育施設の責任者 *1884-88
Vielé, Ada L	A. L. ヴィーレ	1888-1889 (生没年不詳)	Annie Viléの娘
Webb, Francis	ウエブ	1896-1898 (生没年不詳)	

Wells, Florence	ウエルス	1907-1914 (生没年不詳)	再来日し、実践女子大英文科創立に尽力
Winther, Nellie	ウィンター	1920-1921 (生没年不詳)	

(注 1) 1873-1875 までは、WUMS 宣教師

(参考資料)

・H.M.J.Tenney (WUMS 役員　1878 年死去) 作成のリスト

・WUMS 理事会議事録、年間報告書

米国メソジスト監督教会

Methodist Episcopal Church,U.S.A. (MEC)

姓　名		在日期間 (生没年)	備　考
Atkinson, Anna P.	アトキンソン	1882-1925 (1860-1958)	横浜聖経女学校
Bangs, Louise	バングス	1911-1925 (1881-1955)	横浜聖経女学校
Baucus, Georgiana	ボーカス (137 頁)	1890-1923 (1862-1926)	常磐社 (出版社)
Benton, J. Emma	ベントン	1882-1889 (1858-1944)	横浜聖経女学校
Daniel, Nell Margaret	ダニエル	1898-1937 (1870-1964)	常磐社 (出版社) (注 1)
Dickinson, Emma E.	ディキンソン (142 頁)	1897-1923 (1844-1926)	常磐社 (出版社)
Draper, Marion R.	ドレーパー	1912-1939 (1891-1950)	横浜聖経女学校校長
Draper, Winifred F.	ドレーパー	1912-1939 (1889-1951)	横浜基督教訓盲院会計係
French, Anna S.	フレンチ	1889-1895 (1863-1914)	横浜聖経女学校

姓　名		在日期間（生没年）	備　考
Griffths, Mary B.	グリフィス	1889-1923（1861-1955）	横浜聖経女学校
Higgins, Susan B.	ヒギンス	1878-1879（1842-1879）	横浜聖経女学校基礎築く
Holbrook, Mary J.	ホルブルック	1878-1912（1852-1912）	横浜聖経女学校校長
Lewis, Amy G	ルイス	1898-1910（1874-1934）	横浜聖経女学校
Lee, Edna M.	リー	1913-1918（生没年不詳）	横浜聖経女学校
Rulofson, Gazelle M.	ルロフソン	1886-1889（1850-1932）	横浜聖経女学校
Santee, Helen C.	サンティー	1908-1913（生没年不詳）	横浜ディ・スクール監督
Seeds, Leonora M.	シーズ	1890-1925（1867-1958）	横浜聖経女学校（注 2）
Simons, Maude E.	シモンズ	1889-1898（1865-1898）	横浜聖経女学校
Slate, Anna Blanche	スレート	1902-1923（1873-1964）	横浜ディ・スクール統括（注 3）
Spencer, Clarissa H.	スペンサー	1896-1901（1870-1927）	横浜聖経女学校校長
Taylor, Erma M.	テイラー	1913-1941（1879-1964）	横浜聖経女学校
Van Petten,Caroline W.（Mrs.）	ヴァンペテン（161 頁）	1881-1916（1854-1916）	横浜聖経女学校校長（注 4）
Watson, Rebecca J.	ワトソン	1883-1917（1856-1930）	横浜聖経女学校校長

（注 1）ボーカスとディキンソン休暇中の支援
（注 2）横浜ディ・スクール統括 横浜バイブル・ウーマン活動監督
（注 3）横浜バイブル・ウーマン活動の監督、横浜基督教訓盲院校長、横浜聖経女学校校長
（注 4）横浜基督教訓盲院、横浜婦人慈善病院支援

メソジスト・プロテスタント教会（米国美普教会）

Methodist Protestant Church U.S.A.（MPC）

姓　名		在日期間（生没年）	備　考
Barns, Helen Virginia	バーンズ	1923-1926（1898-1997）	戦後来日（1952）成美学園で教える
Bonnett, Melissa M.	ボンネット	1887-1891（1862-1937）	3代校長、婦人海外宣教協会支部長
Bouldin, Margaret Alice	ボーディン	1938-1940（生没年不詳）	婦人海外宣教協会協力教師
Brittan, Harriet Gertrude	ブリテン（84頁）	1880-1897（1822-1897）	初代校長、ブリテン女学校開く
Brown, Margaret	ブラウン	1884-1887（1849-1898）	2代校長、一族美普教会員
Cooper,Emily	クーパー	1883-1884（生没年不詳）	通訳
Coate, Alice L.	コーツ	1895-1897（1858-1930）	幼稚園教育に尽力
Colhouer, Mary	コルフォア	1887-1892（1833- ？ ）	婦人海外宣教協会の創立者
Crittenden, Harriet Emma	クリテンデン	1884-1886（ ？ -1948）	横浜英和女学校、英和学校の教師
Cronise, Florence M.	クロニース	1915-1920（生没年不詳）	海外宣教局現地採用
Dawson, Marry Elizabeth	ダウソン	1923-1930（1869-1952）	ハジスの熱心な要請により再来日
Dean, Almira	ディーン	1900-1901（1875-1931）	横浜、名古屋で伝道と教育に従事
Douglas, Charlotte	ダグラス	1933-1934（1874-1951）	1902年著名な美普教会牧師
Gertrude, Mallett	ガッルーヅ	1919-1922（生没年不詳）	
Grose, Nancy Virginia	クロス	1908-1913（1881-1946）	婦人海外宣教協会契約教師

姓　名		在日期間 （生没年）	備　考
Henrietta, Rachel Young	ヘンリエッタ	1891-1893 （生没年不詳）	
Hirata, Misao Tune	ハイラット	1883-1884 （生没年不詳）	メリーランド州で学士号取得
Hodges, Frances	ハジス，フランシス	1936-1937 （生没年不詳）	オリーブ・ハジスの従妹
Hodges, Mabel Clare	ハジス，クララ	1919-1920 （1888- ？ ）	オリーブ・ハジスの妹
Hodges, Olive Ireland	ハジス，オリーブ（223 頁）	1903-1964 （1877-1964）	8 代校長、戦時中抑留され帰国
Johnoson, Ada B.	ヨハンソン	1927-1928 （生没年不詳）	アイダホ州立大学専任
Kimball, Josephine	キンバル	1887-1892 （1838-1916）	来日前インドで宣教
Klein, Mary Elizabeth	クライン	1883-1893 （1857-1926）	クライン牧師と結婚
Kuhns, Margaret Minerva	クーン	1894-1900 （1867-1950）	6 代校長、6 歳から宣教師夢見る
Layman, Mildred	レイマン	1895-1896 （生没年不詳）	
Lincoln, Forrest Annie	リコルン	1889-1889* （生没年不詳）	* 7-10 月
Morgan, A.R.	モーガン	1892-1893 （ ？ -1940）	海外宣教局任命 1889-1897
Newton, Lillie May	ニュートン	1927-1932 （生没年不詳）	
Ross, Ruth	ロース	1921-1922 （生没年不詳）	
Rowe, Amelia J.	ロー	1892-1894 （生没年不詳）	5 代校長
Runyon,	ライヤン	1937-1938 （生没年不詳）	婦人海外宣教協会契約教師

姓　名		在日期間（生没年）	備　考
Schlegelmilch, Donna Lowra	ダナローラ	1911-1919（ ? -1973）	
Steele, Harriette E.	スティール	1914-1916（ ? -1920）	
Whestone, Jane Ruth	ウエストン	1887-1893（1849-1941）	4代校長
Williams, Mary Elizabeth	ウイリアムス（104頁）	1897-1911（1864-1944）	7代校長
Wilson, Ella Mac	ウイルソン	1903-1906（生没年不詳）	幼稚園教師
Wolfe, Viola Amannda	ウルフ・ヴィオラ	1920-1923（1880-1973）	自費で来日　エヴェリンの姉
Wolfe, Maud Evelyne	ウルフ・エヴェリン（228頁）	1920-1943（1888-1967）	1947-54/1960-62　戦後来日

・横浜英和学院（横浜英和女学校）で働いた宣教師

YWCA のリーダーリスト

姓　名		在日期間（生没年）	備　考
Allchin, Agnes	オルチン（190 頁）	1917-1920（生没年不詳）	横浜YWCA副総幹事
Allen, Carolyn E.	アレン（194 頁）	1915-1930（生没年不詳）	横浜YWCA幹事
Baker, Mary C.	ベーカー（188 頁）	1914-1920（生没年不詳）	横浜YWCA初代総幹事
Hiller, Dorothy	ヒラー（199 頁）	? -1923（1891-1923）	日本YWCA幹事
Mendelson, Jesee	メンデルソン	1921-1941（生没年不詳）	横浜YWCA幹部委員
Lacy, Edith Rooser	レイシー（196 頁）	1923.1-9 月（1889-1923）	横浜 YWCA 幹事
Ragan, Ruth	レーガン（189 頁）	1912-1917（生没年不詳）	東京 YWCA 幹事
Snade	スネード	1916-1918*（生没年不詳）	*1923-24、1926-27、1929　横浜 YWCA 幹部委員
Verry, Hazel P.	ヴェリー（191 頁）	1920-1934（生没年不詳）	横浜 YWCA 総幹事

日本聖公会
Episcopal Church

姓 名		在日期間（生没年）	備 考
Ballard, Susan	バラード	1892-1935 (1863-1945)	SPG 南東京
Boutflower, M.M.	ブートフラワー	1909- ? (? -1916)	SPG 南東京
Conover, Jeannetette R	カノーヴァー (38 頁)	1863-1863 (生没年不詳)	PE 神奈川
Cornwall-Legh, Mary Helena	コーンウオール・リー (170 頁)	1908-1941 (1857-1941)	SPG 南東京、草津
Cross, Clare Amelia	クロス	1907-1912 (1878- ?)	SPG 南東京
Deed, Alice Margaret	ディード	1904- ? (1873- ?)	SPG 南東京
Forbes, May C.R.	フォーブス	1895-1909 (生没年不詳)	SPG 南東京
Hughes, Ethel Mary	ヒュー	1909-1921 (1875-1968)	SPG 南東京
Nelson, Mary	ネルソン	1877-1880 (生没年不詳)	WUMS から移る
Nevile, C.G.Lucy	ネヴィル	1905-1924 (1867-1964)	SPG 南東京
Shaw, Mrs	ショウ	1912- ? (生没年不詳)	SPG 南東京
Walton, Mrs	ウォルトン	1912-1916 (生没年不詳)	SPG 横浜

・W.U.M.S. The Woman's Union Missionary Society
・P.E. The Protestant Episcopal Church, U.S.A.
・S.P.G. The Society for the Propagation of the Gospel

カトリック（幼きイエス会　ニコラ・バレ）
Infant Jesus Sisters（英）

姓　名（国籍）		在日期間（生没年）	備　考
Agniel, Marie L.（仏）{sr.Marthe}	アニエル	1873-1905 (1844-1905)	
Balist, Caroline P.（仏）{sr.Lucie}	バリスト	1901-1907 (1843-1932)	修道院長、紅蘭女学校２代校長、1907パリに転任
Boutavant,Marie J.F.(仏) {sr.Joseph}	ブタヴァン	1925-1976 (1889-1976)	
Ceruti, Erminia（伊）{sr.Pierre Chanel}	セルティ	1920-1969 (1893-1969)	
Champagnol, Marie（仏）{sr.Louise}	シャンパニョル	1915-1930 (1883-1933)	修道院長、紅蘭女学校４代校長
Conolly, Jeanne（アイルランド）{sr.Grégoire}	コノリ	1872-1885 (1829-1885)	
Couderc, Marie（仏）{sr. Louise}	クデル	1933-1947 (1898-1991)	修道院長、1947パリに転任
Crespin, Emilie L（仏）{sr. Gélase}	クレスパン	1872-1903 (1843-1903)	
Dèze, Elisabeth（仏）{sr. Geneviève}	デーズ	1927-1968 (1895-1988)	修道院長、日本管区長
Finazzi, Rosina（伊）{sr. Marie Angèle}	フィナッツィ	1927-1982 (1904-1982)	
Fitzgérald, Marie A.（アイルランド）{sr.Enda}	フィッツジェラルド	1919-1980 (1890-1980)	修道院長
Hennecart, Margueritte V.（仏）{sr.Thérèse}	エンヌカール	1903-1940 (1870-1940)	紅蘭女学校５代校長、日本管区長
Lévesque, Adélaïde H.（仏）{sr.Norbert}	レヴェク	1872-1875 (1834-1875)	修道院長
Lomboni, Angelina（伊）{sr. Antonia}	ロンボニ	1923-1971 (1892-1971)	
Lyne, Winifred（アイルランド）{sr. Veronica}	リヌ	1926-1987 (1903-1987)	修道院長

姓　名（国籍）		在日期間（生没年）	備　考
Mulliez, Marguerite M.（仏）{sr.Henri}	ミュリエ	1935-1992（1903-1992）	
Murray, Mary（アイルランド）{sr. Virgilius}	ミュレイ	1937-1978（1916-1999）	1978 アイルランドに転任
Nourrit, Elisabeth M.（仏）{sr. Ludgarde}	ヌリ	1897-1917（1856-1931）	紅蘭女学校初代・第3代校長
Raclot, Marie J.（仏）{sr. Mathilde}	ラクロ（240 頁）	1872-1911（1814-1911）	同会来日当初から1907 年まで責任者
Twohig, Kathleen M.A.（アイルランド）{sr. Denis}	トウヒッグ	1920-1986（1897-1986）	
Wauqier, Antoinette（仏）{sr. Eugène}	ヴォキエ	1923-1982（1895-1982）	修道院長

・横浜で働いた外国人修道女は60 名を越え、関東大震災で8 名が犠牲になった。ここでは21 名を紹介する。

カトリック（マリアの宣教者フランシスコ修道会）

Franciscan Missionaries of Mary（英）

姓　名（国籍）		在日期間（生没年）	備　考
Bleser, Anny（ルクセンブルグ）{sr.Marie Consolatrix}	ブレゼ	1929-1955（1901-1955）	修道院副院長
Boulet, Solange M.A.（仏）{sr.Marie Charlotte}	ブレ	1937-1996（1900-1996）	戸塚修道院、フランス語教師
Bourgknecht, Paul de（スイス）{sr.Marie du Divin Pasteur}	ブールクネヒト	1920-1951（1876-1951）	戸塚聖母の園修道院院長
Etchehert, Marie T.（仏）{sr.Marie Néra}	エッチェール	1938-1940（1909-1972）	1952 フィリピンに転任

姓　名（国籍）		在日期間 （生没年）	備　考
Gabriel, Bernardine（独） {sr.Marie Apollinaria}	ガブリエル	1930-1934 * (1885-1966)	修道院 1934-53 中国で活動　* 1953-66
Hennequin, Germaine（仏） {sr.Marie Ste.Donatille}	エヌカン	1935-1982 (1895-1982)	看護婦
Joyal, Rachel（カナダ） {sr.Marie Edista}	ジョワイアル	1935-1943 (1907-2000)	修道院副院長
Kerckhoven, Madeleine Van（ベルギー） {sr. Marie du Bx.Raynald}	ケルクホーフェン	1935-1989 (1904-1995)	看護婦
Le Jeune, Anne M.E.（仏） {sr. Marie Roberte du Sacré Cœur}	ルジューン (246 頁)	1935-1973 (1903-1988)	横浜修道院院長、一般病院総婦長、フランス語教師
Lezevic, Marija （旧ユーゴスラビア） {sr.Marie Macnise}	レツェヴィッチ	1934-1964 (1899-1964)	作業指導
Marchal, Marie C.（仏） {sr. Marie de St.Dyel}	マーシャル	1934-1991 (1907-1991)	修道院副院長・院長
Moustier de Canchy, Marie du（仏） {sr.Marie du Cervellon}	ムステイエ・ド・カンシー	1937-1939 * (1908-2003)	戸塚修練院修練長、日本管区長　* 45-59
Mulhaupt, Johanna（独） {sr. Marie Ratholda}	ミュルハウプト	1939-1953 (1910-1953)	
Toth, Rozalia（ハンガリー） {sr. Marie Ratolda}	トーツ	1939-1996 (1912-1996)	

・横浜だけでなく、東京、熊本、札幌で活動した修道女も含む。

【横浜居留地地図】

MAP OF YOKOHAMA

INCLUOINC THE

BLUFF SETTLEMENT, BENTEN,

AND YOSHIWARA

COMPILED FROM THE BEST MAPS

PUBLISHED

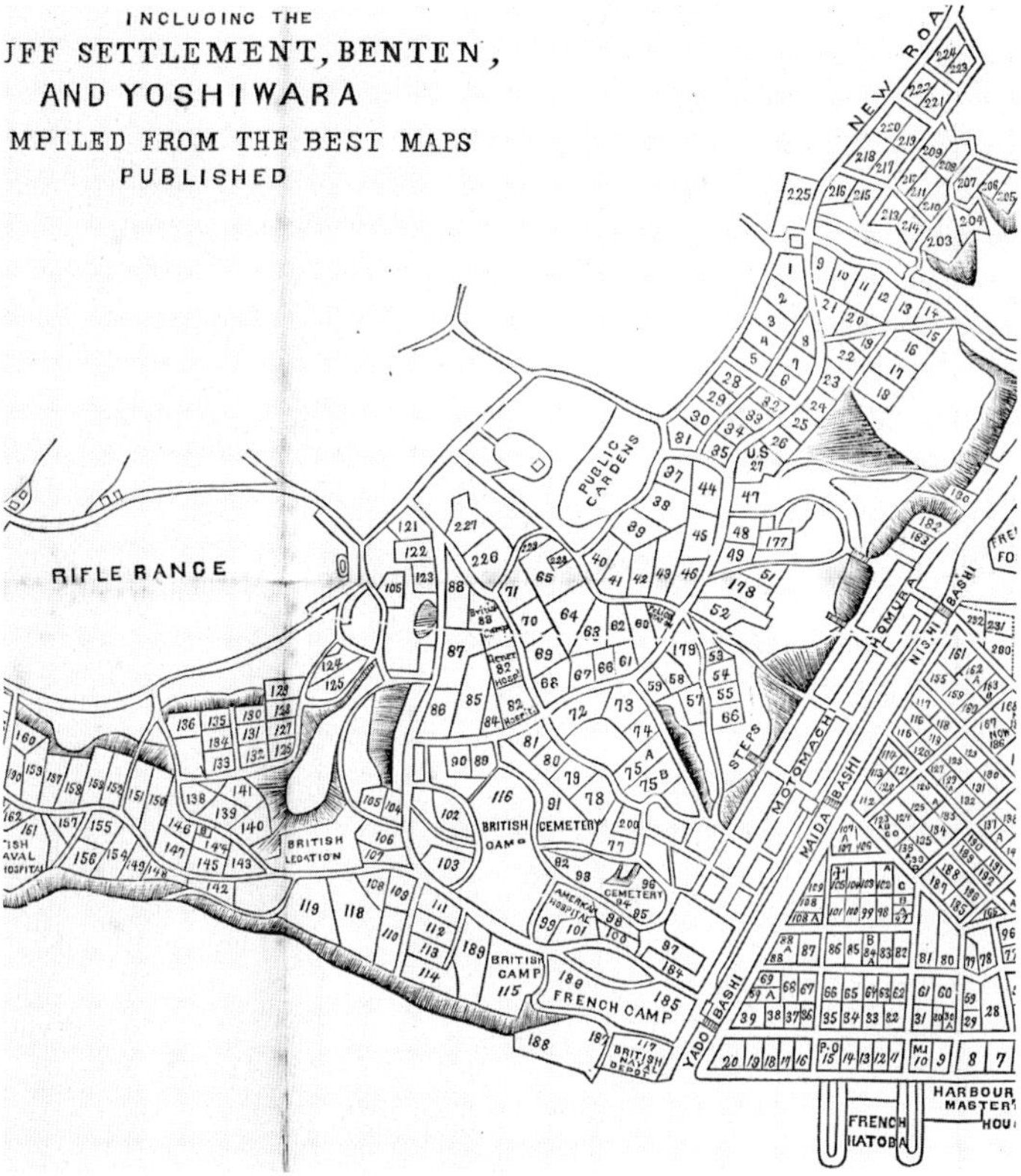

横浜山手居留地（部分拡大）

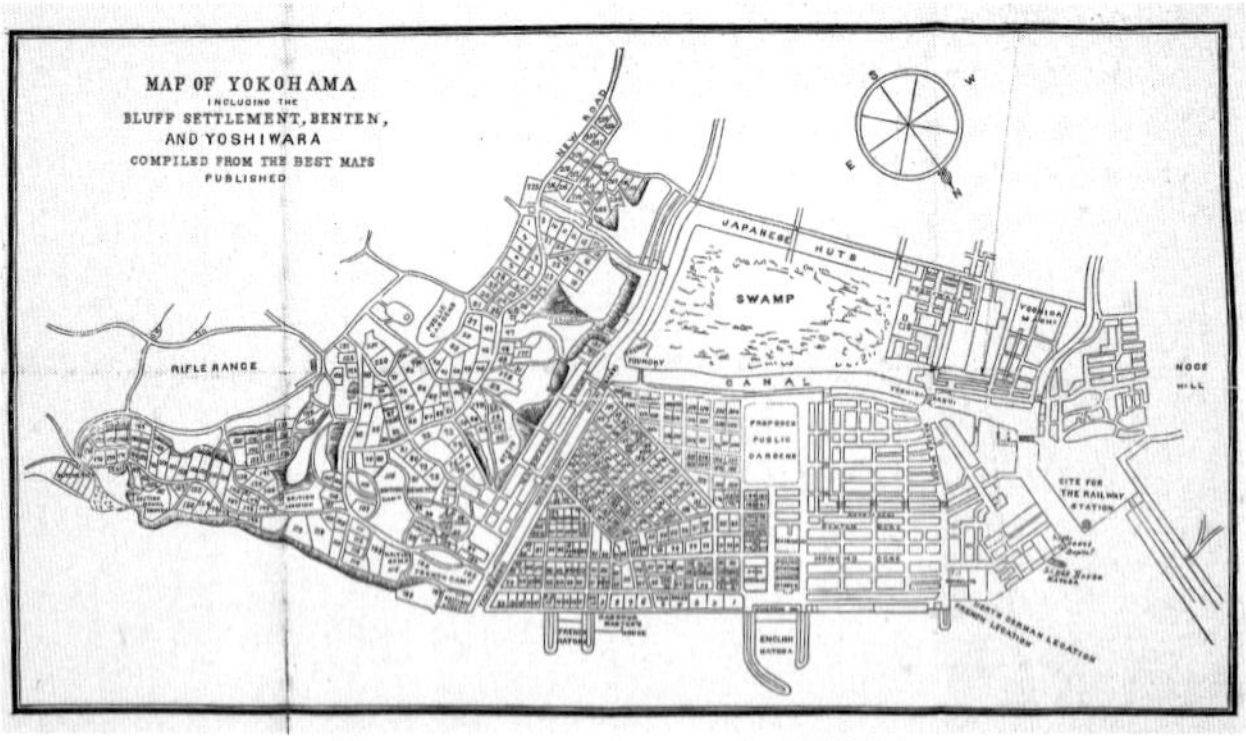

『MAP OF YOKOHAMA』(開港資)

横浜居留地(部分拡大)

横浜の女性宣教師たち

開港から戦後復興の足跡

2018年3月10日　初版第1刷発行

〔編　者〕
横浜プロテスタント史研究会

〔発行者〕
松信　裕

〔発行所〕
株式会社　有隣堂
本　社　〒231-8623　横浜市中区伊勢佐木町1-4-1
出版部　〒244-8585　横浜市戸塚区品濃町881-16
電話 045-825-5563　振替 00230-3-203

〔印刷所〕
図書印刷株式会社

〔装丁・レイアウト〕
小林しおり

ISBN978-4-89660-226-5　C 0021